PROJET
POUR PERFECTIONER
L'ORTOGRAFE
DES LANGUES
D'EUROPE.

Par *M. l'Abbé de* St. PIERRE.

A PARIS,
Chez BRIASSON, rue Saint Jacques
à la Science.

M. DCC. XXX.

Avec Approbation & Privilege du Roy.

On trouvera chez le même Libraire, les Ouvrages suivans, du même Auteur.

Projet de Paix Universelle, 2. vol. in 12.
Oeuvres Diverses, 2. vol. 12.
Projet de Taille Tarifée, 4°.

PROJET
POUR PERFECTIONER
L'ORTOGRAFE
DES LANGUES
D'EUROPE.

OBSERVATIONS PRELIMINAIRES.

L'ART d'écrire la parole est une des plus importantes découvertes, qui *a*yent jamais été *f*aites pour le bonheur du *g*enre humain : la tradition or*a*le peut nous conserver quelque chose des decouvertes de nos péres dans les *a*rts les plus necessaires à la vi͞e ; mais *f*ans la tradiçion écrite, & par conséquent sans l'invençion de l'écriture, nous n'eussions jamais pû perfectioner que peu & trèz-lan*t*ement, comme les Sauva*g*es, les arts,

Projet pour perfectioner

les fiences & les loix, & nous n'aurions sur les évenemens passéz que des histoires peu exactes, remplies de faits comunément faux & merveilleux, car ceux qui content sont obligéz pour être écoutéz avec plaisir, de mêler dans les narrations le merveilleux, qui le plus souvent est totalement faux & imaginaire. De sorte que si nous perdions tout-à-fait l'art de l'écriture, l'art de l'ortografe, nous retomberions bientot dans l'ignorance crasse, & dans les contes fabuleux & inpertinens des naçions Sauvages.

Je croi donq que tous les moyens qui tendent à faciliter aux hommes, & sur tout aux enfans, l'uzaje facile de cètte decouverte, qui est le fondement des plus grands biens de la sosieté humaine, sont dignes de l'atention des bons Citoiens, & sur tout de ceux qui gouvernent les diverses parties de cette sosieté, & que ces moiens meritent d'être recherchéz avec soin par les meilleurs esprits.

Les ançiéns Egiptiéns avoient une écriture d'un genre semblable au janre de l'écriture des Chinois d'aujourdui ; mais

L'Ortografe.

l'espèce en étoit diférante, c'est-à-dire, que les caractéres des uns sont fort diférens des caractéres dès autres, les figures qui signifioient une piqueure, une brulure, un bois, une ville, étoit fort diférente chéz les Chinois & chéz les anciens Ejipsiens.

Je dis que c'étoit le mème genre, parce que les caracteres de leur écriture signifioient immediatement leurs sentimens & les degréz de ces sentimens, leurs idées, leurs jugemens & les circonstances de cèz idées & de cès jugemens, ces caracteres ne signifioient point les mots, les termes de la langue Egipsiéne, c'étoit un langage écrit, qui n'avoit aucun rapport aux mots ou aux paroles de leur langaje prononcé, de sorte que celui qui entendoit leur écriture pouvoit entendre ce qu'ils écrivoient sans entendre aucun mot de leur langaje prononcé.

Les mots, les paroles de leur langue prononcée signifioient aussi immediatement leurs idées, leurs jugemens & les circonstances de ces idées, leurs sentimens de plaizir ou de douleur, les de-

A ij

gréz de ces fentimens, le tems, le lieu & cela fans aucun raport à aucun caractere, à aucune figure de leur écriture ou de leur langue écrite.

Cette écriture des anciens Egipfiens a peri peu de tems aprèz que le fegrèt d'écrire non les penfées, mais d'écrire les paroles prononcées, a été publié; cète anciene écriture a encore duré quelque tems chez les Prêtres d'Egypte, fur tout pour ce qui regardèt leurs cérémonies facrées, èt c'eft de là que les figures de leur écriture s'apeloient hieroglifes, *fignes facréz* & que leur écriture s'apeloit hieroglifique; mais elle a peri tout à fait à la longue, parce qu'elle étoit trèz incomode & parceque dans les arts *il eft de la nature du meilleur & fur tout du beaucoup meilleur de faire perir peu à peu le bon & de l'aneantir entièremant.*

Il faloit aux Egipfiens anciens autant de caractéres diférans que d'idées & de circonftances de cès idéez, que de fentimens diferens & de degréz diferens de fentimens, ce qui ne pouvoit jamais avoir aucunes bornes; ainfi quand on dit, que le nombre de figures des caracteres des Chinois ou de leur Alfabèt monte à plus de quatre-vint mile, & que les plus habiles d'entre eux dans diverses fiences ne peuvent jamais parvenir à conoître la signification de quarante mile de cèz figures, cela est bien facile à croire; l'un conoît dix mille de ces caracteres sans les confondre, l'autre en conoît quinze mille, un autre en conoît peut-être trente mile, nul n'en conoît & n'en peut jamais conoître quatre-vint mille.

Il faudra méme en imaginer & en faire de nouveaux tous les jours à mezure que l'on imaginera des choses nouvelles dans les arts & dans les fiences; mais comme l'écriture des Tartares, qui depuis quatre-vint-dix ans font devenus Souverains de la Chine, réprefente & fignifie les mots prononçéz de la langue Tartare, & peut servir à fignifier les mots prononcez de toutes les langues Chinoizes, on peut juger, que l'Ecriture Chinoife perira antierement dans peu de fiecles & que les Chinois eux-mèmes adopteront peu-à-peu l'Alfabèt Tartare comme beaucoup plus comode, & peut-être que notre Alfabèt Europaïn perfectioné servira un jour à perfectioner le leur.

Il ne faut pas être étoné de ce que les arts & le sfiences ayent fait si peu de progrèz depuis quatre mile ans dans l'Empire de Chine quoique ce soit une Naçion trèz nombreuze & que les peuples ayent été si lontems exemts de guèrres civiles & étrangères, parceque leur genre d'écriture a toujours été jusqu'ici trèz dificile à enseigner & à retenir.

Le genre d'écriture des langues d'Europe & de partie de l'Azie consiste à former des caracteres, qui signifient non pas immediatement nos idées ou nos sentimens, mais les sons & les articulaçions de notre langue prononçée, il est vrai, que nos mots prononçéz signifient immediatement ces idées & ces sentimens, mais nos mots écrits signifient précisément & immediatement nos mots prononçéz & heureuzement pour la comodité du genre humain il se trouve, que tous les sons & toutes les articulaçions de toutes les langues conues peuvent être fignifiéz avec environ trente-cinq figures ou caracteres trèz fimples & très faciles à diftinguer les uns de autres, & par confequent très faciles à aprandre; or quelle diference entre un Alfabèt de plus de quatre-vint mille figures très-dificiles à former & à diftinguer, & un Alfabèt de trente-cinq lètres, dont chacune eft dix fois plus facile à former & à diftinguer qu'aucun des caracteres Chinois.

Il faut mème pour leurs Ecrivains beaucoup plus de tems & de papier pour écrire les mots, Cheval, Elèfan, qu'il n'en faut aux notres, ce qui rend leurs ouvrages manufcrits beaucoup plus chers & plus fautifs que les notres; il i a dans les diférentes Provinces du Roiaume de la Chine plufieurs langues prononcées, mais il n'i a qu'une feule langue écrite, qui fert à fe faire entandre par ceux qui ne peuvent s'antendre les uns les autres en parlant, parceque leur langue prononcée fignifie immediatemant leurs idées, & leurs fentimens.

Si j'ai dit environ trente cinq figures, c'eft que je ne conois aucun fon ni aucune articulation que je ne puiffe fignifier avec ce nombre de figures; mais il eft vrai que je ne fuis pas feur de conoître tous les fons des langues conues, je ne fai pas s'il ne faudra pas encore inventer quelque caractere pour exprimer quelque fon ou quelque articulation dont je n'ai pas encore de connoiffance.

Les anciens Grecs du tems de Cadmus n'avoient inventé que faize figures ou caracteres mais peu-à-peu ils en augmenterent le nombre d'un tiers ou environ.

Nous avons vu naitre de nos jours dans notre Alfabèt la voièle è comme dans les mot nèt & le grand Corneille a extremement contribué à augmenter l'uzaje de deux figures ou confones pour fignifier deux articulations, la confone j, comme dans la premiere filabe du mot Jarèt & la confone v, comme dans la premiere filabe du mot votre.

Mais il nous manque encore plufieurs figures ou voièles fimples pour exprimer,

mer, pour signifier plusieurs sons simples, il nous manque de mème plusieurs figures ou consones simples pour signifier plusieurs articulations simples.

Il nous manque une marque comme un petit trait sur les lètres muètes pour marquer que quoiqu'elles soient écrites elles ne se prononcent pourtant point dans le mot écrit où elles se trouvent.

Il nous manque une marque comme un petit trait sous les voièles pour nous avertir, lorsque le son qu'elles signifient, est long.

Or quel est le but de l'art de l'Ortografe, de cet art si beau & si précieux, avec lequel nous pouvons faire antandre nos sons articuléz, c'est-à-dire nos paroles, & par consequent nos penséés, à ceux qui vivent ou qui vivront à qui nous ne pouvons parler? quelle est la fin de cet art avec le secours duquel nos yeux nous servent d'oreilles & notre main nous sert de langue, de voix, d'articulaçion, en un mot de prononçiaçion? quel est le but de cet art qu'un de nos

B

Poëtes nous peint si élegamment en deux vers.

C'est de Tir, que nous vient cet art ingé-
nieux.
De peindre la parole & de parler aux
yeux.

Le but de cet art c'est certainement d'exprimer exactement & sans laisser aucun doute par un petit nombre de figures simples faciles à former & à distinguer tous les mots dont les hommes se servent en parlant.

Nous avons donc bezoin par exemple de la figure a, pour signifier le son a, & de la figure b, jointe à la voiele a, pour signifier la silabe ba, articulée ou prononcée.

De là on voit que ce seroit un grand defaut si le caractere a signifioit quelquefois le son o, ou le son é, ce seroit un grand defaut si la figure a, prècédant la figure u, comme dans le mot du vilage *Emaus* signifioit quelquefois le son o, comme dans le mot *émaux*, puisque le but de l'Ortografe est de ne laisser au Lecteur aucun doute ni aucune équivoque ſur la prononçiaçion des mots écrits.

Si les deux caracteres e, & n, ſignifient quelquefois le ſon an comme dans le mot ſentir, & qu'ils ſignifient quelquefois un autre ſon tout diferent comme dans les mots examen, ançién, c'eſt un trèz grand defaut, car on ne ſaura plus quand il ſignifiera l'un ou l'autre ſon ſi l'on ne remedie à cète équivoque.

Le mot lentement eſt venu du Latin ou plûtôt de l'Italien *lentamente*, nous ne le prononſons plus comme les Italiens, nous i prononſons deux fois la voièle Françoize an ; or pourquoi ne pas écrire quelquefois, c'eſt-à-dire au moins de vint fois une, le mot lantement d'une maniere reguliere pour nous acoutumer peu-à-peu à l'écrire avèq une exaqtitude parfète.

Ce ſeroit un defaut ſi deux b, par exemple étoient dans l'écriture lorſqu'ils ne ſignifient aucune autre articulaçion qui ne ſoit ſignifiée par un ſeul b. comme dans le mot Franſois Abbé, il y à un b de trop, qui ne ſignifie aucune autre articulaçion que celle qui eſt ſignifiée par un seul b. au lieu que le second b signifie une articulaçion trèz diferente dans le mot *Abbas* Latin.

Si l'on continue à écrire en Franſoès deux b. deux d. deux f. deux p. deux r. deux ſ. deux t. lorſqu'il ne s'en prononçe qu'un, il arivera, que quand il s'agira de faire lire Abbas à un enfant Franſois il le prononcera avec un ſimple b. & dira Abas comme dans le mot Abas Roi de Perſe, il arivera qu'un étranger prononcera deux b. dans le mot Abbé, deux d. dans le mot *addition*, deux f. dans les mots èffèt, èffort. Comme dans les mots Latins *effatum, effectus*.

Il faut donq garder les doubles conſones pour exprimer ces mots du Latin & des autres langues où elles ſe prononſent doublement, & n'employer dans les mots Franſois qu'une ſimple conſone s'il n'y a dans les mots Franſois auqune ſilabe où l'on prononçe deux conſones ſemblables comme deux b, deux p, deux t, deux ſ. &c. Auſſi je voi avec plaiſir, que la plûpart de ceux qui écrivent en Franſois pour éviter l'équivoque n'uzent presque plus de cès consones redoublées.

La raizon nous dicte, qu'il *faut*, que chaque son prononçé ait dans l'écriture un c*a*raqtére, qui lui soit particulier & immu*a*ble, que nous apelons voièle; car s'il n'est pas p*a*rticulier à ce son & qu'il serve quelque*f*ois à signifier un autre son, nous ne *s*avons plus ce qu'il si*g*nifie si ce n'est par uz*a*je & par tradi-çion.

Dans les noms propres écrits où il n'y a ni uz*a*je ni tradiçion il n'est pas possible d'en deviner la prononçiaçion avec seureté quand ils sont mal Ortografiez, & cela faute de tradiçion, ce qui est une espece de contradiction en pratique, car c'est vouloir & ne vouloir pas *a*ler au but de l'Ortografe, qui est de signifier préçizément & seurement le mot prononçé.

Il faut de mème, que chaque articulaſsion ou modification de son, ait dans l'écriture un cara&tére qui soit particulier, c'est ce que nous apelons *consone*, enfin il *f*aut, que lorsque nous chanjons la prononçiacion d'un mot nous en changions en mème-tems l'Ortografe, parceque *notre Ortografe doit toujours répondre autant qu'il eſt poſſible non immediatement à la penſée, mais au mot prononçé qui ſignifie immediatement la penſée.*

Il y a trois ou quatre cens ans que la langue Franſoize étoit beaucoup moins riche en mots, & par conſequent moins parfaite qu'elle n'eſt aujourdui, mais je croirois *facilement* que l'Ortografe de ce tems-là étoit beaucoup meilleure que la nôtre, c'eſt-à-dire qu'elle reſſembloit beaucoup plus à la maniere de prononcer, qui étoit alors en uzaje, que notre Ortografe preſente ne reſſemble à notre prononçiacion preſante.

Si dans notre Ortografe les Franſois avoient ſuivi peu-à-peu & exactement les chanjemens qui arivoient peu-à-peu dans la prononçiation de quelques mots, notre Ortografe d'aujourdui ſeroit bien moins imparfaite, mais ſans y *faire* reflexion nous avons continué à écrire les mêmes mots de la mème maniere que nos ayeux, ſans ſonjer, qu'ils les prononsoient d'une maniere très-diférente de cèlle dont nous les prononſons.

J'ai conu des vieillards, qui prononſoient par exemple la derniere ſilabe du mot courois comme la derniere ſilabe du mot couroye, au lieu que nous prononſons la derniere du mot courois comme la derniere ſilabe du mot interèt, leur Ortografe pour ce mot étoit moins irreguliere que la nôtre, ils repreſentoient le ſon de leur parole & pour nous qui avons chanjé la prononçiation, nous aurions dû auſſi chanjer en cela notre Ortografe, & écrire auſſi je courès avec la mème Ortografe que la derniere ſilabe du mot interèt, nos peres prononſoient autrefois ces mots, j'ai creu, j'ai peu, j'ai ſceu, j'ai beu, j'ai eu, j'ai leu, comme nous prononſons ces mots peu-à-peu, feu, Dieu, lieu; nous voions encore des traces de cette prononçiaçion antique dans les Provinces, & ſur tout dans les peïzans, qui ne s'aſſujetiſſent que lentement aux nouvèles modes, ils écrivoient alors regulierement comme ils prononſoient, au lieu qu'après le changement de prononçiation nous écrivons ces mèmes mots d'une maniere très-équivoque & trèz-irreguliere par raport à la maniere, dont nous les prononſons, car éfectivement nous prononſons cru, bu, pu, lu.

C'eſt ainſi qu'en changeant d'un coté la prononçiaçion de nos anciens ſans rien chanjer à leur Ortografe, nous ſommes parvenus à nous faire une Ortografe trèz-viçieuze; & ce qui eſt de pis, c'eſt qu'elle deviendra tous les jours encore plus vicieuze, car il arivera encore quantité de chanjemens dans la prononçiation de nos mots comme cela eſt déja arivé & nous ferons aſſéz négligens pour garder toujours la mème maniere d'écrire les mèmes mots & cela depeur de paſſer pour ignorer l'Ortografe des ſavans.

Nos anciens prononſoient le caractere d, dans les mots adjouter, advis, advocat, advouer, adjournement, adjoint, adjuger, ainſi ils avoient raizon d'écrire le d. qu'ils prononſoient, nous ne prononſons plus cette articulaçion d.

dans

dans ces mèmes mots, ainſi les ſavans ont tort de laiſſer le d. dans l'Ortografe de ces mots & les ignorans ont raiſon de le retrancher, cette neglijance des ſavans jette dans l'erreur les enfans; les ignorans, les Provinçiaux, & ſur tout les étranjers, qui cherchent en vain à conoitre la bone prononçiation dans l'Ortografe irreguliere des auteurs Franſois.

Cètte negligence à ſuivre dans l'Ortografe les changemens, qui arivent dans la prononçiaçion, eſt comune à toutes les langues mortes eſt vivantes, les Grecs ont començé par écrire Aggulos. Envoyé, aggura ancre de vaiſſeau, agguelus anguille, car s'ils avoient comencé à écrire ces mots dans le tems qu'ils prononſoient angelos, ancura, anquelus, ils auroient ſans doute, à moins qu'ils n'euſſent perdu le ſens, mis la conſone n. à la place de la conſone g. & ſi quelqu'un eût mis le g. par megarde tous les autres Ecrivains tant ſoit peu ſenſéz ſe ſeroient recriéz contre lui & ſe ſeroient ſervi de la conſone n. & tous enfemble ils auroient autorizé l'uzaje commun de l'Ortografe de ces trois mots.

Mais l'habitude à voir ces trois mots écrits à la maniere anciéne malgré la prononçiaçion moderne, la crainte de paſſer pour ignorer l'Ortografe des favans a maintenu chéz eux l'Ortografe anciéne & vicieuze au prejudice de l'Ortografe moderne & raizonable ; car quelle raizon de mètre une figure pour une autre lorſqu'il n'en coute pas plus à former l'une que l'autre.

Il faut aporter divers exemples dans d'autres langues de ces neglijançes à changer l'Ortografe des mots à mezure que l'uzaje en chanje la prononçiaçion dans la langue Grecque, dans la langue Latine, dans la langue Italiene, dans la langue Eſpagnole, dans la langue Angloize, dans la langue Alemande, &c.

Le mot Knith s'eſt aparament prononçé autrefois en Angletèrre comme il eſt écrit, mais preſentement il ſe prononce comme s'il étoit écrit, Nait; le mot ſpitead a été ſelon les aparences prononcé autrefois avec la lètre *a*, à la fin, mais prezentement il n'y a plus de voièle *a*, dans la prononciation Anglèize, cependant la voièle *a*, eft reftée dans l'écriture Angloize; or qui devineroit que la voièle *i* dans Knith doit fe prononfer comme les deux voièles *a* èt *i*? qui devineroit qu'il falut écrire un *a* dans ce mot lorfqu'il ne s'y prononçe point.

 Telle eft la premiere caufe du derangement de notre Ortografe Europaine & c'eft faute d'atention à cète cauze que les Grammairiens de la claffe mediocre ont mis ces negligences des anciens en forme de regles pour enfégner par regles l'Ortografe vicieuze au lieu de doner des moiens de la rectifier par dégréz peu fanfibles.

 Au refte la neglijence de nos ancètres à reformer l'Ortografe vicieuze d'un mot lorfque fa prononçiaçion étoit changée n'eft pas fans excufe : car l'uzaje de la prononçiaçion d'un mot ne chanje pas tout d'un coup ni en un an, ni par le confentement de tous ceux qui le prononçent, mais il comence par être prononçé diverſement par une dixiéme partie, vint ans après par un quart du peuple, il demeure trente ou quarante ans douteux & également bon prononçé par la moitié des uns d'une façon & par la moitié des autres d'une autre faſſon, tels ſont par exemple aprezant les mots avène & avoine tous deux bons preſentement; ce mot ſera trente ou quarante ans à achever ſon chanjement, on ne prononcera plus qu'avéne & l'on continuera à écrire avoine.

Il faut obſerver, que durant le tems qu'un mot mèt à changer tout à fait ſa premiere prononçiaçion, il continue toujours à conſerver ſa mème Ortografe; or ſi l'on penſe combien peu de gens ſont intereſſéz à chanjer l'Ortografe de ce mot & combien ſont intereſſéz à n'y rien chanjer, il paroît, que c'eſt une eſpece de neceſſité que les vices de l'Ortografe croiſſent par l'autorité de l'uzaje abuzif & que ce ſera une eſpece, de merveille ſi quelques-unes des regles, que propoze la raizon, ſont ſuivies de nos jours en Europe ni mème en Angleterre & en France, Roiaumes, ou la raifon eſt plus reſpectée, ce me ſemble, & où elle a plus de crédit qu'en aucune autre partie de la terre.

Mais il y a une ſeconde cauſe de cette multitude épouventable de defauts dans notre Ortografe & dans l'Ortografe de toutes les langues anciénes & modernes c'eſt le manque de figures ou de caracteres dans l'Alfabèt, car il faut une figure particuliere ou une voièle particuliere pour ſignifier chaque ſon particulier ſimple, nous conoiſſons quinze ſons ſimples & nous n'avons pour les exprimer que cinq figures a, e, i, o, u.

De mème nous conoiſſons vint articulations diferentes & nous n'avons que quatorze caracteres ou confones écrites ancienes & deux nouvelles, ſavoir le caractere j, & le caractere v.

Ce defaut de figures en nombre ſufizant pour ſignifier tous les ſons ſimples, & toutes les articulations conues nous a inſenſiblement jeté dans une eſpece de neceſſité de nous ſervir des figures anciénes que nous avions & de nous en ſervir à d'autres uzajes qu'à ceux, auxquels elles étoient originairement deſtinées, mais malheureuſement ceux qui ont voulu doner diferentes fonctions à la même figure n'ont pas eu l'atention & l'habileté d'inventer quelques petites marques comme quelques poincts ou quelques traits deſſus ou deſſous pour avertir le Lecteur de ces nouvèlles fonctions.

Or on ſent aſſez combien ces nouvèles fonctions ont dû cauzer d'équivoques dans l'Ortografe & ſur tout dans l'Ortografe des noms propres.

1°. Negligence à ſuivre dans l'Ortografe les changemens qui arivent dans la prononçiation.

2°. Neglijance à invanter autant de figures qu'il y a de ſons & d'articulations conues.

3°. Negligence à donner quelques marques aux lètres quand on les emploioit à quelque autre fonction qu'à leur fonction ordinaire.

4°. Neglijanſe à marquer dans chaque mot les lètres, qui ne s'i prononſent plus.

5°. Negligenſe à marquer les voïeles longues.

Telles ſont les cinq ſources de la coruption prézante & de la coruption future de l'Ortografe, tels ſont les cinq inconveniens, auxquels je me propoſe d'indiquer des remedes éficaces & qui ſeront d'autant plus faciles que l'uzaje en ſera lant, mais continuèl.

On m'a aſſuré, que les Anglois en concervant encore plus exactement que nous leur Ortografe ançiéne, & aiant ançore plus fait de chanjemens que nous dans leur prononçiation ſe trouvent dans leur Ortografe encore plus éloignéz de la raizon que nous ne ſommes dans la nôtre.

Quelques-uns de nos auteurs ont cómencé avec raizon à retrancher de l'Ecriture quelques lètres qui ne ſe prononſoient plus, & pluſieurs depuis ſoixante ans ont écrit les mots *ajouter*, *Avocat*, *avis*, *avoüer*, *ajournement*, *ajoint*, *ajuger*, *omiſſion* & non pas *advoüer*, *adjournement*, *adjoint*, *adjuger*, *obmiſſion* & d'autres ſemblables.

Plusieurs ont mème oté depuis quelques lètres que l'on avoit gardées dans l'Ecriture uniquement pour faire conoitre leur origine du Latin ou du Grèq, ils ont écrit *sience* malgré l'anciene Ortografe, qui mètoit *science*, ils ont écrit *aprendre* & non *apprendre*, *filosofe* & non *philosophe*, *saint* & non *sainct* &c. ils ont en plusieurs ocazions retranché certénes lètres ou qui ne se prononsoient plus ou qui ne s'étoient jamais prononcèes.

Quand on veut bien écouter la raizon contre la mauvaize coutume, on sent, que ces premiers corecteurs de l'Ortografe ont deja rendu un grand service à notre langue écrite en tachant de la faire ressambler davantage à notre langue prononcée.

Aucun art, aucune sience ne se perfectione sans nouveauté & cependant il est de la nature des siences & des inventions humaines de pouvoir toujours se perfectioner, ainsi il est raisonable d'écouter quelquefois la nouveauté, puisqu'il est très-rézonable de chercher à pèrféctioner nos arts & nos siances.

Mais

Mais il faut avoüer, que nos Gram-mairiens d'ailleurs très-habiles pour perfectioner notre Ortografe ont voulu faire reſſanbler *entierement & tout d'un coup* l'écriture prezente à la prononçiation préſante & en cela ils ont comis une grande faute contre la nature de la plûpart des *perfectionemens* dezirables, ils ont abandoné la maxime ſaje, *qui conſeille de ne reformer les abus univerſels introduits par voye preſque inſanſible que par une voye ſemblable preſque inſenſible.*

On doit obſerver ſcrupuleuzement cète metode de peur de bleſſer trop ſenſiblemant ceux à qui l'on veut procurer un grand avantage; ces granmériens animéz par leur bone intention mais guidéz par leur impaçience n'ont pas fait aſſez d'atantion que celui qui veut faire trop de changemens & trop grans à la fois, bleſſe, revolte, & que cauzant plus de peine qu'il ne procure d'utilité à ſes contemporains, il va lui-mème dans la pratique contre la rèzon, & il arive que ſes projets quoique raizonables dans la ſpeculation devienent deraizonables

D

dans la pratique faute d'avoir montré la maniere facile, dont ils peuvent s'exécuter non *tout d'un coup* mais *par petites parties* & avec le secours du tems.

Tout le monde sait en general que notre Ortografe est prezentement fort éloignée de la regle que voici.

Il faut, que l'Ortografe soit telle, que le lecteur conoisse facilement sans aucun doute, sans aucune équivoque & avec certitude la prononçiaçion préçize de tous les mots écrits.

Mais tout le monde ne sait pas à quel poinct nous nous en sommes éloignéz & que dans les livres les mieux Ortografiéz il y a contre cète regle plus de fautes que de mots, ce n'est pas qu'il n'y ait quelques mots écrits sans aucune faute contre la regle, mais c'est qu'il y a assez souvent plusieurs fautes dans le mème mot.

Or pour demontrer jusqu'où nous a conduit insensiblement cèt uzaje tiranique je n'ai pas voulu chercher un exemple dans un auteur particulier comme dans les ouvrages de feu M. l'Abé de Dangeau parcequ'il peut bien s'écarter quelquefois de l'uzaje le plus autorizé ſur l'Ortografe; je n'ai pas voulu non plus faire ſoupſoner que j'ai choizi dans cet auteur un paſſage plus plein de fautes que les autres, j'ai cru, que pour rendre ma demonſtration plus digne d'atenſion je devois prendre ſans acceptaçion & ſans choix les trois premieres lignes d'un livre tréz-bien Ortografié ſelon l'uzaje qui eſt le Tyran des langues vivantes & méme ſelon l'uzaje le plus autorizé par le plus grand nombre des bons Ecrivains de ce ſiécle.

Il eſt certain, que les bons Ecrivains doivent ſur l'Ortografe comme ſur la prononçiation s'aſſujetir à l'uzaje lors mème qu'il s'éloigne le plus de la raizon, ainſi ma critique tombe uniquement ſur l'uzaje & ſur les abus où nous entraine cet uzaje tiranique & nulement ſur ceux qui ſont oblijéz de s'y aſſujetir & qui s'y aſſujetiſſent ſagement en atendant que cet uzaje lui-mème s'aſſujetiſſe peu-à-peu à la raizon.

Ces premieres lignes ſont tirées de la preface du diqſionaire de l'Academie

Françoèze de l'Edition de 1718. auquel j'ai eu l'honeur de travailler durant plus de vint ans avec les meilleurs Ecrivains de France; le premier article de cète préface ne contient que trois lignes & ces trois lignes contienent 28. mots.

Or on va voir, que si l'on veut examiner l'Ortografe de ces 28. mots selon la regle dictée par la raizon & les écrire tous de maniere que tout étranjer puisse conoître sûrement la prononçiation précise de ces 28. mots, par notre seule Ortografe & les prononser tous précizément comme nous les prononsons, il faudroit faire à notre Ortografe prézente, quarante-cinq chanjemens, c'est-à-dire qu'il y a quarante-cinq fautes contre la regle generale de toute bone Ortografe de toute langue.

Voici ces trois lignes.

„ Ce n'est pas avoir une idée parfaite
„ d'un Dictionaire que de ne concevoir
„ sous ce nom qu'un récüeil de tous les
„ mots d'un langue avec leur simple ex-
„ plication.

On va voir 45. fautes dans ces 28. mots.

1º. Le mot ce, devroit s'écrire par la lètre ſ. parceque la lètre c, devant certaines voièles comme a, u, ou, ſe prononſent comme la letre K ou la letre Q, ce qui fait une équivoque dans la prononçiation ; or il faut éviter toute équivoque.

On dira peut-être que l'uzaje de la lètre c, eſt pour éviter une équivoque en lizant ; mais comme l'auditeur ; qui entend le même ſon par le mot ſe par la lettre s, & par le mot ce, écrit par la lettre c, ne tombe point dans l'équivoque ni dans aucun doute, à cauſe dès mots prononcéz qui ſuivent, le Lecteur n'y tombera pas non plus étant dirigé par les mêmes mots écrits qui le ſuivent dans l'écriture comme dans la prononçiaçion.

2°. Dans le mot eſt ; il y a quatre fautes 1°. la letre s, ne s'y prononſe point, 2°. la lètre t, ne s'y prononſe point non plus, & par conſequent il faudroit deux marques ſur ces deux lètres pour marquer qu'elles ne ſe prononſent point & ces marques ſont de petits traits tant ſur la lètre s̄, que ſur la lètre t̄. 3°. Il faudroit la lètre è, pour signifier le son è, c'est-à-dire qu'il faut un trait de gauche à droite sur cète lètre qui marque sa prononciation comme ici è, 4°. cète voièle è est longue & la longueur n'en est point marquée, cète longueur se marque par un petit trait sous la voièle longue comme ici èst.

Il est vrai, que le mot est, vient du Latin *est*, dans lequel toutes les lètres se prononsent, il est vrai, que les François l'ont d'abord prononcé comme les Romains, mais il faloit l'écrire diferamment à mezure que la prononçiation en devenoit diferente, puisque les chanjemens dans l'écriture doivent suivre pas à pas les chanjemens qui se font dans la prononçiaçion.

3°. Dans le mot pas, il y a deux fautes, 1°. la lètre s, ne se prononçe point; or elle n'est pas marquée comme une lètre muete, 2°. la voièle *a* est longue dans ce mot; or elle n'est pas marquée comme longue commé ici pas.

4°. Dans le mot avoir, il y a une faute parceque au lieu de la lètre i, il faloit mètre la lètre è, & écrire ainſi avoèr.

5°. Le mot une, eſt écrit ſans aucune faute, ſans aucune équivoque.

6°. Dans le mot idée, il y a deux fautes la derniere lètre e, ne ſe prononſant point il faloit marquer qu'elle eſt muète. 2°. le premier é étant long il faloit marquer ſa longueur comme ici idḗe.

7°. Dans le mot parfaite, il y a une faute les lètres a, & i, ne ſe prononſent ni comme a, ni comme i, mais comme è tel qu'il eſt ici parfète.

8°. Dans le mot d'un, il y a une faute c'eſt que la lètre n, ne ſe fait point ſentir dans ce mot; or pour éviter cète équivoque il faloit une marque, & cète marque eſt un petit trait qui joigne la lètre u, avec la lètre n, pour ſignifier que ce n'eſt qu'une voièle & qu'il ne faut point prononçer de conſone, ainſi il faudroit écrire comme ici d'un.

9°. Dans le mot dictionaire, il y a trois fautes 1°. La letre t, ne ſe prononſe point & ſe trouve là miſe pour la lètre s. 2°. La premiere n, doit être liée avec la lètre o, & éfectivement dans ce mot dictionnaire on ne prononce point les deux lètres n, comme dans le mot Latin *anno* ou dans le mot François Annibal, & même dans le mot Latin *dictionarium*, il n'i a qu'un n. 3º. Au lieu des lètres a, & i, que l'on ne prononce point, il faut un é comme ici dicsionnére.

10º. Dans le mot que, il y a une faute en ce que la lètre u, n'est point marquée comme muète avec un petit trait dessus comme ici q̄ū̄e.

11º. Dans le mot de, il n'y a point de faute.

12º. Dans le mot ne, il n'y a point de faute.

13º. Dans le mot concevoir, il y à trois fautes. 1º. La létre o, devroit être liée avec la letre n, pour marquer que la letre n, ne se prononce point, la letre n, ne fait qu'une voiele avec la letre o, 2º. la letre c, fait ici mal-à-propos la fonction de la letre s, dans le meme mot où cete letre fait dans la silabe précedente la fonction de la letre q, ou de la letre k, ou du cappa Greq. 3º. La letre
i, ne

i, ne se prononse point, il faudroit la letre è, à la place de la letre i, & écrire ce mot comme ici confevoèr.

14º. Dans le mot fous, il y a deux fautes d'Ortografe: la premiere la letre o, & la letre u, doivent être jointes par un petit trait pour marquer qu'elles ne font qu'une letre qui exprime la voiele ou: la feconde c'eft que la derniere lètre du mot fous, ne fe prononce point, & n'eft point marquée comme muete comme ici fou͞s.

15º. Dans le mot ce, il y a une faute comme il a été dit dans le premier article.

16º. Dans le mot nom, il y a deux fautes, 1º. la letre m, ne fe prononce point & tient la place de la letre n, 2º. la letre n, devroit être jointe par un trait à la lettre o comme ici non.

A l'égard de l'équivoque elle n'eft pas plus à craindre dans l'écriture que dans la prononçiation à cauze de ce qui précede & de ce qui fuit, qui determine toujours affez le fans pour empêcher l'équivoque.

E

17°. Dans le mot qu'un, il y a deux fautes, 1°. la premiere letre u, qui i est muete n'est point marquée comme muete, 2°. la lettre n, devroit être jointe à la feconde letre u, pour ne faire qu'une voiele comme ici qu'un.

18o. Dans le mot recueil, il y a quatre fautes, 1o. il faloit un q, 2°. il faloit la voiele eu, 3°. il ne faloit point la letre i, qui ne s'y prononçe point, 4°. il faloit une letre nouvele pour fignifier la même articulation qui eſt dans les mots moüillé, foüillé, bail, mail, ail. Enfin il faloit cète lètre l, comme ici reqeul.

19°. Il n'y a point de faute dans le mot de.

20°. Il y a trois fautes dans le mot tous, 1°. il faudroit un trait qui joignit la lettre o, avec la lètre u, pour fignifier la voièle ou, 2°. il faloit fur la lètre s, la marque qui fignifie qu'elle ne fe prononfe point, 3°. il faloit le petit trait qui marque la voièle longue, comme ici tous.

21°. Il y a trois fautes dans le mot les, 1°. il faut la voièle è au lieu de la voièle e, 2°. il faut le trait sous la voièle è, pour marquer qu'elle est longue, 3°. il faut marquer la lètre s, muète comme ici lès.

22°. Il i a trois fautes dans ce mot mots, 1°. il faut marquer la voièle longue, 2°. il faut marquer la lètre t, muète, 3°. il faut aussi marquer la lètre s, muète comme ici mots.

23°. Il n'y a point de faute d'Ortografe dans les mots d'une.

24°. Il y a deux fautes dans le mot langue, 1°. il faloit joindre par un trait la lètre n, pour n'en faire qu'une voièle, car la consone n, ne s'y prononse point 2°. il faloit marquer que la lètre u, ne s'y prononse point comme ici langue.

25°. Il i a une faute dans le mot avèc, c'est qu'il faloit mètre la lètre è, à la place de la letre e, comme ici avèc.

26°. Il y a une faute dans le mot leur, il faloit ne faire qu'une lètre de la lètre e, & de la lètre u, par un trait de jonction comme ici leur.

27°. Il i a une faute dans le mot simple, il faloit la lètre in à la place de

E ij

la lètre i, & de la lètre m, comme ici sinple; la confone m ne doit point être là où l'on ne la prononfe point.

28°. Il y a deux fautes dans le mot explication, 1°. la lètre t, ne doit fignifier que fa feule articulation. Or ici elle fignifie la lètre s, ou ç, 2°. la letre o, doit être jointe par un trait à la lètre n, pour fignifier la confone on, comme ici explicaçion; car dans ce mot on ne prononfe point la confone n.

Voila quarante cinq ou quarante fix changemens à faire pour écrire ces 28. mots fans aucune équivoque, c'eft-à-dire fans aucune faute contre les regles que dicte la raifon. Or je demande fi on auroit jamais pu s'imaginer qu'il y a dans notre Ortografe plus de fautes contre la regle qu'il n'y a de mots, c'eft pourtant ce que l'on vient de voir bien démontré dans un livre très-bien Ortografié felon l'uzaje le plus ordinaire parmi les bons écrivains, & *c'eft ce que je m'étois propofé de démontrer.*

Il eft vrai, que l'habitude que nous avons à lire notre Ortografe vicieuze fait qu'elle ne nous paroît pas vicieuze, mais elle ne laiſſe pas de l'être pour les étranjers & pour les enfans qui ne conoiſſent que les regles generales, & la ſignification de chaque lètre; or cela montre non-ſeulement combien nous nous ſommes éloignéz de la regle ſimple du bon ſens depuis trois cens ans, mais encore que nous en ferons beaucoup plus éloignez dans trois cens ans à mezure que nôtre prononçiaçion changera, ſi nous ne chanjons pas notre Ortografe en mème-tems que notre prononciation changera.

De ſorte que nos regles pour aprandre à lire & à écrire deviendront peu-à-peu preſque inutiles & beaucoup plus dificiles à mezure que le nombre déja prodigieux de nos excepſions ſe multiplira par notre negligence à nous raprocher tous les jours de ces précieuzes régles.

Cette obſervation nous prouve encore la verité d'une regle inportante, c'eſt *que vû cette prodigieuze quantité de fautes il ſeroit ridicule de prétendre les coriger toutes en mème-tems, parcequ'il faut avoir le loizir* de nous acoutumer *peu-à-peu* à quelques-unes de ces corections avant que de fonjer à en adopter quelques autres.

Si je voulois fuivre *tout d'un coup* dans l'uzaje la bone methode *en entier*, methode qui eft vraye dans la *fpeculation*, & écrire tous les mots que je prononce felon toute l'exactitude des regles, il ariveroit que je ne pourois ni écrire une feule page felon la regle, qu'avec beaucoup d'atention ni lire enfuite ma propre écriture qu'avec beaucoup de pène.

Il faudroit que durant plufieurs mois j'apriffe de nouveau à lire & à écrire la nouvèle écriture à peu prèz comme un enfant; il faudroit de mème que tous ceux qui doivent lire ce que j'écris & qui doivent écrire felon la nouvelle Ortografe ce que je dois lire, apriffent auffi de leur coté à lire & à écrire; or ne feroit-ce pas nous demander une choze trop pénible, & parconfequent impoffible dans l'éxecution, & par conféquent tréz deraizonable?

Il eft vrai, que l'uzaje ordinaire de notre Ortografe eft abuzif, mais il eft *uza-*

je & *ordinaire*, nous y sommes tous si bien acoutuméz que vouloir sans necessité nous l'oter *en entier* & *tout d'un coup*, ce seroit nous oter la façilité que nous avons à lire & à écrire ce qui seroit vouloir guérir un petit mal par un mal beaucoup plus grand; aussi les anciens & les nouveaux grammairiens réformateurs, *faute de mètre pour condition essentièle de leur projèt de reformation que les chanjemens soient presque insensibles*, se sont atirez un grand nombre d'adversaires qui avoient raizon en quelque choze, mais qui sont tombez de leur coté dans un excèz trèz-déraizonable, ils ont rejeté avec mépris les regles mèmes du bon sens, qui tendoient à coriger l'Ortografe *par degréz presque insensibles*, parcequ'on leur proposoit mal à propos de suivre *totalement & tout d'un coup* dans la pratique la regle generale *speculative qu'il faut faire ressembler le plus qu'il est possible l'Ortografe à la prononçiaçion.*

Ces adversaires de la nouveauté n'ont pas pris garde, qu'il y avoit un milieu trèz-rèzonable, qui étoit de recevoir avec reſpèct une regle dictée par la raizon mème, mais d'en reſtraindre l'uzaje dans la pratique aux chanjemens preſque inſenſibles, qui eſt une autre regle que preſcrit cette mème rèzon.

Quand la plupart des Ecrivains modèrnes écriront un mot par exemple *philoſophe* ſuivant l'Ortografe anciéne & ſavante, tandis que le moindre nombre l'écrit ſuivant l'Ortografe nouvelle & reguliere, les dictionaires diront *quelques-uns comencent à écrire filoſofe*: au contraire quand le plus grand nombre des Ecrivains modernes ſeront parvenus à écrire *filoſofe*, tandis que le plus petit nombre de ces Ecrivains écriront encore *philoſophe*, les dictionaires diront *quelques uns écrivent encore philoſophe*, & ne metront plus alors ce mot dans le diqſionaire ſous la lètre p. mais ſous la lètre f. c'eſt ainſi que ſans bleſſer perſone notre Ortografe poura facilement ſe perfectioner peu-à-peu par l'autorité mème des dictionaires.

Il y a une choze a obſerver pour l'Ortografe des noms de famille, les perſones de condition voudront & avec raizon

zon d'un coté que le publiq prononce bien leur nom en le voiant écrit & sans pouvoir se tromper dans la prononçiaçion, & de l'autre ils voudront avec justice conserver dans l'écriture l'anciene Ortografe de leur famille, il n'y a qu'un moien de contenter ces deux dezirs, c'est d'écrire d'abord le nom selon l'Ortografe reguliere & par raport à la prononçiaçion presente par exemple le nom Danjo, & d'écrire ensuite entre deux crochets & en Italique le même nom (Dangeau) selon son Ortografe anciéne, qui repond aparemment à la prononçiaçion anciéne.

Je croi donq, que les Ecrivains doivent aprocher toujours, mais peu-à-peu leur Ortografe savante & vicieuze de l'Ortografe ignorante, & reguliere parceque *l'Ortografe presente doit vizer a r presenter à tout le monde, aux savans, aux ignorans, aux provinciaux, aux femmes, aux enfans & sur tout aux étrangers & à notre posterité notre veritable Prononçiaçion presente*, mais il ne faut pas pour cela cauzer une grande pène au Lecteur & parconſequent il ſufit, que les Ecrivains faſſent de tems en tems chacun de leur coté quelques petits changemens durant deux ou trois générations.

Il eſt mème nécéſſaire, que les auteurs ne faſſent pas ces changemens d'une maniere toujours uniforme dans un mème mot, afin de montrer que d'un coté ils n'abandonent pas entiérement l'uzaje comun & viçieux des ſavans & de l'autre qu'ils adoptent pourtant quelquefois l'Ortografe reguliere des ignorans ſur la maniere d'écrire çe mème mot pour ſe raprocher un peu du but de l'inportante invention de l'Ortografe.

Je ne ſaurois atribuer qu'à un puiſſant génie cète fameuſe découverte le nom devoit bien paſſer juſqu'à nous plûtôt que les noms de ceux qui ont inventé des choſes beaucoup moins utiles à la ſociété.

De là il ſuit qu'on ne doit point faire de reproche à celui qui écrit le mème mot de deux ou trois manieres diferantes, il ſatisfait ainſi à deux regles raizonables, la premiere eſt *qu'il ne faut* pas abandoner tout d'un coup & entierement l'uzaje abuzif lorſqu'il eſt univerſel, la ſeconde eſt, qu'il faut s'éloigner quelquefois de cet uzaje abuzif afin de le rendre lui-même peu à peu raiſonable.

PROJET
pour perfectioner
L'ORTOGRAFE

OBSERVATIONS SUR LES REGLES.

JE supoſe que le Lecteur ſoit perſuadé qu'il eſt à propos de ſonjer à perfectionner l'Ortografe de toutes les langues vivantes en général & de notre langue en particulier, & qu'il faut la perfectioner par degréz preſque inſanſibles.

Il ne me reſte qu'à propoçer deux ſortes de regles pour y parvenir, les unes pèrpétuèles pour tous les tems & generales pour toutes les langues écrites, les autres regles ſeront paſſageres & particulieres pour la langue Françoize; ces regles paſſajéres ne doivent durer qu'autant de tems que durera le paſſage de l'Ortografe vicieuze à l'Ortografe regulierc tant pour ſe dezacoutumer peu-à-peu de l'une que pour s'acoutumer peu-à-peu à l'autre.

Quoique les regles paſſajéres, que je propoſe, aient un raport particulier à la langue Françoize il ſera pourtant facile aux autres nations d'en faire l'aplication à leur langue; voions donq prezentement en quoi conſiſte l'Ortografe & quelles regles on doit s'y preſcrire.

REGLES PERPETUELES.

LEs mots prononcéz ſont quelquefois des ſons ſimples & d'une ſilabe comme a, o, eu, ou, çe ſont quelquefois, des ſons articulez comme ça, ço, ſi, ſeu, ſou, quelquefois ſe ſont des mots compozez de pluſieurs ſilabes.

Ces ſilabes ſont quelquefois formées de pluſieurs ſons comme ao, aou, quelquefois elles ſont formées de pluſieurs ſons ſimples & de pluſieurs articulations comme mare, ſale, ſolitude.

Pour pouvoir écrire tous les mots qui peuvent ſe prononcer de maniere que le Lecteur ne puisse s'y tromper ni tomber dans le doute & dans l'équivoque, il faut que chaque son simple ou chaque voièle prononcée ait sa figure, son caractere propre ou sa voièle écrite qui signifie & qui exprime precizément la voièle prononcée par exemple, il faut que la voièle prononcée a, soit exprimée & signifiée par la figure, par la lètre, par la voièle écrite a.

Il n'y a dans les langues que nous conoissons que quinze sons simples ou voièles prononcées, pour lesquelles il ne faut par conséquent que quinze figures ou voièles écrites, il faut autant de signes diferens ou de caracteres diferans sur le papier qu'il y a de diferences dans les sons qui se prononsent.

Il faut de mème que chaque articulation ou consone prononcée ait sa figure, son caractere propre, c'est-à-dire sa consone écrite, qui la signifie & qui l'exprime précizément par exemple il faut, que la consone ou l'articulaçion prononcée s, soit exprimée signifiée par la figure par le caractere s, mais on va voir tout cela plus clairement par l'expoſition des regles mèmes.

PREMIERE REGLE
Perpetuèle.

Il faut que les caracteres écrits ſignifient ſi préciźément la prononçiaçion du mot prononſé qu'il n'y ait jamais aucune équivoque ni aucun ſujèt de douter ni pour le Lecteur ſur la maniere de prononcer avèc exactitude ce qui eſt écrit ni pour l'Ecrivain ſur la maniere d'écrire avèc exactitude ce qui eſt prononſé.

ECLAIRSISSEMANS.

10. TAnt qu'il y aura quelque équivoque dans la maniere d'écrire un mot prononcé tant que le Lecteur trouvera fondement de douter, l'Ortografe ſera defectueuze, elle n'ateindra point parfaitement à ſon but, qui eſt de ſignifier préciſement & ſans aucune équi-

voque ou obfcurité par des caracteres fimples les mots prononçéz de la maniere préçize dont ils font prononçéz.

Ainfi il faut qu'avèq autant de qaracteres, qui feront neceffaires, cet art puiffe fignifier préçizément la prononçiation exacte de tous les mots poffibles, foit noms propres foit mots de langues étrangeres; il faut, que l'on ne puiffe jamais prendre dans l'écriture un mot prononçé pour un autre quoique trèz-femblable dans la prononçiaçion, dans laquelle il n'y a fouvent que la longueur d'une voièle, qui en faffe la diference comme pate, pate, bète, bète.

2º. Nous fommes trèz obligéz à nos premiers ancètres de nous avoir doné l'art de l'Ortografe mème dans fa grande groffiéreté, leurs fucçèffeurs l'ont un peu perfectioné par diferentes lètres qu'ils y ont ajoutées, il eft de notre devoir d'y en ajouter encore de nouvelles qui font abfolument neceffaires pour laiffer à notre pofterité cèt art bēaucoup plus pèrféctionné.

3º. Cète règle eft générale pour toutes

tes les langues, qui s'écrivent & qui ont des caraqtéres pour écrire leurs paroles ou leurs mots prononçéz, on n'écrit que pour être entendu & qui est-ce qui peut entandre une écriture, un assemblage de caracteres, qui au lieu de signifier une unique parole, un seul mot prononcé en signifie deux, trois, quatre, cinq diférantes.

Cète quantité d'équivoques dans notre langue écrite est si prodigieuze qu'un jour un de mes amis me demandant comment il faloit écrire le mot prononçé Haynault, nom d'une Province, dont *Mons* est la Capitale, nous trouvâmes en badinant, que l'on pouroit l'écrire de plus de trois cens manieres, qui seroient toutes diférantes en quelque choze & qui pouvoient pourtant signifier ce mot de deux silabes ou un mot presque semblable.

1°. La premiere silabe peut s'écrire d'une maniere assèz intelligible sans H.

2°. Elle peut s'écrire par ai comme par ay.

3°. Elle peut s'écrire par é.

G

4º. Elle peut s'écrire par è.

5º. Elle peut s'écrire avec un s, ou fans s.

6º. On peut écrire cète filabe ou longue ou brève.

7º. On peut de mème écrire la feconde filabe brève ou longue.

8º. On peut y mètre le caractere l.

9º. On peut y mètre le caractere s.

10º. On peut y mètre le caractere t.

11º. On peut y mètre le caractere o. &c.

Or ceux qui font acoutuméz à la multiplication que cauzent les diferentes combinaizons verront facilement que ce mot peut être écrit en plus de trois cens manieres diferantes.

Un étranger en voiant ces trois cens diferens aranjemens de letres diferentes peut les prendre pour trois cens mots diferens, c'eft-à-dire pour trois cens prononciations diferentes, qui ont feulement quelques reffemblances à cauze de la reffemblance des caracteres qui y entrent & de leur pofition à peu près femblable, il eft vrai, qu'avec la marque de la longueur des voièles avec la lètre afpirante, & fans cète lètre on pouroit avoir à écrire huit ou diz mots diferemment prononçez, mais en écrire dix avec exactitude & fans équivoque eft choze bien diferente d'en écrire un avec trois cens équivoques, voilà une demonftration fenfible de l'excèz de defectuofité où notre Ortografe eft tombée par degrez prefque infenfibles.

REGLE SECONDE.

Un mot, qui est toujours prononçé préçizément de la mème maniere quoiqu'il signifie deux idées diferentes doit être toujours écrit préçizément avec les mèmes caracteres, cependant si l'on ajoute quelque lètre à ce mot, afin d'éviter dans l'écriture l'équivoque qui se trouve dans la prononçiaçion, il faut surligner cète lètre afin que le Lecteur sache qu'elle ne se prononçe point comme dans çes mots écrits poin$\overline{t}$, poin$\overline{g}$, c'est le mème mot dans la prononçiation, ce sont deux mots dans l'écriture.

ECLAIRÇISSEMANT.

JE sai bien que ce qui sauve l'équivoque de ces deux mots poin$\overline{g}$ & poin$\overline{t}$ dans la prononçiaçion c'est leur situation c'est-à-dire les autres mots qui les précèdent & les autres mots qui les suivent, & que cète situation peut. de mème sauver l'équivoque dans l'écriture, mais cepandant quand pour se garantir encore mieux par une autre maniere de toute équivoque il n'en coute que de s'affujetir à une petite marque, je ne voudrois pas m'opofer à cet affujetiffement, mais auffi je ne condanerois pas ceux qui ne voudroient pas s'y affujètir en foutenant que puifque la feule fituation de ces deux mots garantit de toute équivoque foit dans la prononçiation foit dans l'écriture, il eft inutile & par confequent deraizonable de demander un pareil affujetiffement dans l'écriture.

C'eft à la langue prononcée a éviter autant qu'elle peut de fe fervir d'un mème mot pour fignifier diferentes idées pour éviter en parlant les équivoques dans le fens des paroles, mais c'eft à la langue écrite pour éviter en écrivant les équivoques fur la prononçiation des paroles, d'exprimer toujours de la mème maniere & par les mèmes caracteres le mème mot prononcé, fi ce n'eft dans l'excepfion marquée dans cette feconde regle.

L'écriture n'a pas été invantée pour fignifier immédiatement nos penfées, elle n'eſt faite que pour ſignifier les mots prononçéz qui ſignifient immédiatement les penſées il, faut donq, ſi on veut éviter l'équivoque dans l'écriture lorſque deux mots ſont parfaitement ſemblables dans la prononçiaçion, qu'ils ſoient parfètement ſemblables dans l'écriture.

Il eſt vrai, que peu-à-peu l'uzaje pour éviter l'équivoque du mème mot par exemple du mot mode peut en faire deux mots en prononſant la premiere ſilabe longue lorſqu'il eſt emploié comme maſculin dans la muzique, & bref lorſqu'il eſt employé dans la fizique & alors la voièle o, dans l'un ſeroit dans l'écriture diferemment modifiée, puiſqu'elle auroit un trait deſſous que n'auroit pas la mème voièle o, du mot mode lorſqu'il eſt emploié dans la fizique puiſqu'il ſeroit brèf & ce ſeroient alors réellement deux mots prononçéz comme pate & pate, qui quoique reſſemblans ſeroient écrits d'une mème maniere reſſemblante en quelque choze & diferente auſſi en quelque autre choze, ainſi l'écriture un peu diferente reprezenteroit la prononçiation un peu diférente en repreſentant longue la voièle o, du mot mode.

Mais communement ce qui précède & ce qui ſuit les mots entierement ſemblables tels que ſont les mots mode & mode empèche l'équivoque dans le diſcours prononçé & par conſequent dans le diſcours écrit, il arive quelquefois que deux mots entierement ſemblables dans la prononçiaçion ſont trèz-diferens dans l'écriture comme les mots daiz, déz, dèzque, on peut dire, que quand dans l'écriture ils ſeroient auſſi ſemblables que dans la prononçiation, il n'y auroit jamais d'équivoque à cauze de ce qui précède & de ce qui ſuit, mais à l'égard de la prononçiation des noms propres ſemblables dans la prononçiaçion, rarement les chozes qui précèdent & celles qui ſuivent peuvent empêcher le Lecteur de mal prononſer un nom propre écrit d'une maniere irreguliere.

En general le mot prononçé eſt l'original, l'écriture n'en est que la copie; or la perfection de la copie est de ressembler parfaitement à son original & de là il suit que comme les mots sont prononcéz séparément les uns des autres, il faut aussi pour faire mieux ressembler l'écriture à la prononçiaçion que les mots dans l'ecriture soient separéz les uns des autres.

On voit que la segonde regle est une suite de la premiere, puisque si on ne la suivoit pas on tomberoit dans une écriture équivoque, qui est un défaut que celui, qui écrit, doit sur tout éviter come entierement oposé au but de l'écriture mème.

De là il suit que les mots mais, mèts, mès, qui ont préçizément la mème prononçiation doivent être écrits préçizément de la mème maniere & par consequent de la maniere la plus réguliere, qui est mèz.

Je place ici le z consone finale à la place de la consone s, parceque c'est la consone z, qui se prononse devant la voièle qui suit, & non pas la consone s, mè zamis & non pas mè samis.

REGLE

REGLE III.

Il ne faut jamais écrire préçizément de la même maniere, mais toujours avec quelque diference deux mots qui ont quelque choze de diferant dans la prononçiation.

ECLAIRSISSEMANT.

Cete règle est encore une suite de la premiere & de la seconde, car puisque ces deux mots ont quelque choze de diferant dans la prononçiation, ce sont éfectivement deux mots diferens, il faut donq de la diferance dans la maniere de les écrire ; car sans cette diférance dans l'écriture, celui qui lit, pouroit tomber dans l'équivoque, dans l'embaras, dans le doute, sur tout à l'égard des noms propres ; or le but de la bone Ortografe n'est-ce pas de ne laisser aucun doute au Lecteur ?

Comme il faut dans la langue prononcée diferens mots ou des sons &

H

des articulations diferentes pour signifier diferentes pensées, il faut de même des caracteres diferens ou diferamment modifiez pour signifier dans l'écriture des mots diferamment prononcéz.

Mais cette regle immuable ne peut être obfervée que peu-à-peu & par partie durant l'espace du paſſage de l'Ortografe vicieuze à l'Ortografe reguliere ; il faut au contraire durant ce paſſage, qui durera plufieurs générations, fuivre fouvent une regle paſſagere toute opofée.

Il fuit de cette regle, que fi la derniere filabe du mot Genois étoit bien écrite & que l'Ortografe reprezentât bien le fon prononfé, il faudroit que la derniere filabe du mot Polonois fut trèz mal écrite & trèz mal ortografiée, parceque le fon de la derniere filabe de ces deux mots eſt trèz diferent & éfectivement felon la regle, le premier mot devroit s'écrire genoèz̄ & le fecond devroit s'écrire polonèz̄.

REGLE IV.

Pour signifier un son simple, il faut une figure simple apellée voièle, & une seule figure peut sufire. De même pour signifier une articulaçion simple de chaque son il faut une figure simple apelée consone & une seule peut sufire.

ECLAIRCISSEMENS.

S'Il n'y avoit pas une figure propre & particuliere pour signifier le son a, on ne pouroit jamais l'écrire, ou si la figure a, signifioit quelquefois le son è on ne pouroit jamais savoir quand il signifieroit l'un ou l'autre son, ce feroit une équivoque perpetuèle, ce qui est contre le but même de l'Ortografe, ce feroit une vraie contradiction entre le but & les moiens, & c'est ce que l'on apele absurdité.

S'il n'y avoit point de caractere d'écriture pour signifier la consone v. vav.

ou que pour la signifier on emploiât la letre u, on ne pouroit jamais savoir en lizant la premiere silabe du nom propre Volfan, s'il faut prononcer Ouolfan, ou mème Uolfan, qui sont deux prononciations trèz-diférantes.

Il faut donq pour signifier chaque son un caractere, une lètre, une figure qui soit destinée *uniquement* à signifier ce son; il faut une voièle écrite qui réponde *uniquement* au son ou à la voièle prononcée; il faut de mème pour signifier chaque articulaçion de ce son une lètre, une figure particuliere, il faut une consone écrite, qui reponde *uniquement* à l'articulation à la consone prononcée.

De là il suit, qu'il nous manque plusieurs figures simples, plusieurs letres simples, soit pour signifier des articulations simples, soit pour signifier des sons simples.

MARQUE

Pour les voiéles longues.

COmme les sons se prononsent tantôt brèvement, tantôt longuement, il faut une marque pour signifier que le son est long -en supofant que la simple figure de la voièle sans aucune adition marquera qu'elle est brève, parceque la maniere la plus ordinaire de prononser les sons c'est de les prononcer brèvement; or cette longueur ne peut-être marquée plus sinplement que par un petit trait sous chaque voiéle longue a, a̠, é, é̠, è, è̠, o, o̠, &c.

Voièles écrites

Qu'il faut ajouter à notre Alfabet écrit.

IL faut comencer par rendre notre Alfabet complèt; ainsi il faut y ajouter beaucoup de figures necessaires : nous alons comencer lès voièles.

Voièle *an*.

Si d'un coté nous voulons écrire le mot Latin an, dans lequel l'articulation ou confone prononcée N. fe fait fentir, & de l'autre écrire le mot François an, un an, qui eſt un fon très-fimple fans aucune articulation on continuera d'écrire a, auprès de la confone n. parceque nous y fomes acoutumèz, mais afin de marque, que ce n'eſt qu'une figure fimple pour fignifier un fon finple on joindra par un petit trait la voièle a, avec la confone n, & ces deux caracteres n'en feront alors qu'un feul dans l'impreſion comme ici *an*.

Voièle *en*.

La derniere filabe du mot examen Latin & du mot examen Franfois, s'écrit de la mème maniere, & cepandant ces deux filabes fe prononçent très-diferamment, or l'Ortografe, qui fe fert des mèmes caracteres pour exprimer des sons trèz-diferens, est trèz-vicieu-ze, la prononçiation du Latin fait sentir l'articulation n, mais dans la prononçiation du mot Franſois on ne la ſent point du tout, on ne ſent aucune articulation, il n'y a qu'un ſon ſimple non articulé, il nous manque donq une marque pour ſignifier le ſon en, & cette marque eſt le trait de jonction de la voièle é, avec la conſone n, à laquelle nous ſommes acoutuméz comme ici les mots examen, lien, tien, ſi l'on alonge la prononçiation de cette voièle comme dans les mots examens, liens, ſiens au pluriel on metra un trait ou petite ligne ſous le milieu de la nouvelle figure, qui deviendra ainſi par ce trait de jonction une nouvèle voièle écrite.

Voièle è.

Le ſon è, qui dans bè ſilabe longue, que prononcent les agneaux, les brebis marqué d'un açcent de gauche à droite eſt très-diferent du ſon é, qui eſt marqué avec un açcent de droite à gauche, & jufqu'ici nous n'avons point de lètre particuliere pour exprimer ce fon particulier fi ce n'eſt è marqué d'un accent de gauche à droite.

Ainfi on peut dire, que ç'eſt un caractere qui comenſe à s'introduire & que peu de perſones conoiſſent, parceque feu M. l'Abé Regnier Auteur de la derniere Grammaire Françoèze de 1706. ne la conoiſſoit pas encore, cependant il eſt étonant combien nous en avons bezoin dans notre langue.

Il y a dans le mot nèteté, trois fons diferens, fur quoi il eſt à propos d'obfèrvér que au comencement du faiziéme fiècle fous le Regne de Louïs XII. nous n'avions que le feul caractere, que la feule figure, que la feule lètre e pour fignifier ces trois fons diferens, au lieu qu'au comencement du dernier fiecle on inventa le caractere é, pour fignifier le fon de la derniere filabe de ce mot nèteté, mais nous n'avons le caractere è pour fignifier le fon de la premiere filabe de ce méme mot que depuis le commencement de ce fiécle. Et je dois
la

la conoiſſance de cette letre à feu M. l'Abé de Dangeau.

Il a falu deux fiecles pour inventer deux lètres ſi neceſſaires & mème notre è n'eſt pas encore un caractere bien conu & par conſequent bien établi, c'eſt que pour avancer de pareils uzajes, il faut une eſpece d'autorité, qui ne peut venir que de la part d'une compagnie, qui a ſoin de diriger ce qui regarde la langue maternèle prononcée & la langue écrite.

Nous avons bien ſanti ce bezoin, & nous avons taché d'y ſupléer de diferentes maniéres, mais toujours ſans ſuccéz juſqu'à ce que quelqu'un s'eſt avizé de cette figure ſimple è, qui ſignifie parfaitement le ſon ſimple è.

Nous avons cherché à exprimer ce ſon è par deux voièles a & i, mais cette maniere d'écrire ce ſon è jète le Lecteur dans l'équivoque en ôtant ſans néceſſité à ces deux voièles leur ſignification propre & naturèle, ainſi nous avons écrit le mot mais, d'une maniere très-équivoque, & cela parceque la figure

I

de la voièle è avec l'acçent de gauche à droite & le trait horizontal fous la voièle longue n'étoient point encore inventéz lorfque ce mot qui vient, dit-on, du mot Latin *magis*, a ceffé d'être prononcè par nos ancètres avec la voièle a, & avèc la voièle i.

D'un coté le defaut d'invention de cète voièle & de l'autre le defaut d'invention d'une marque propre pour avertir quand le fon eft long, ont jeté notre Ortografe dans une infinité d'inconveniens & d'équivoques, car c'eft la mème prononçiation dans ces mots mais, mets, mes, m'eft, nomois, nomoient, voilà fix faffons diferentes d'écrire la mème filabe, qui eft prononcée préçizément de la mème maniere, or qui eft-ce des enfans, qui eft-ce des étrangers, qui ne croira pas, que ce font fix diferentes filabes prononcées quand on voit fix filabes écrites, de fix manieres diferentes l'une de l'autre?

C'eft avec ces deux acçens diferens que l'on poura toujours diftinguer facilement la prononçiation du mot préz de la prononçiation du mot prèz.

Voièle in.

Si l'on veut exprimer fans équivoque la voièle in, il n'y a qu'à joindre par un petit trait la figure i, avec la figure n. pour n'en faire qu'un feul caractere fimple, qui fignifie un fon très-fimple comme dans ces mots induire, intempérant, fans ce trait de jonction ce font deux figures feparées; or fe fervir de deux letres, de deux figures pour fignifier un fon fimple, & fe fervir d'une confone pour fignifier une voièle, n'eft-ce pas une grande abfurdité?

Les gens du commun ne feront pas obligéz à toutes ces atentions en écrivant, fi ce n'eft les noms propres, parceque l'on s'acoutume aizément à lire la mauvaize Ortografe, en devinant la plûpart des mots d'un uzaje frequent tant par les mots qui précèdent que par ceux qui fuivent lorfqu'ils font conus par le grand uzaje, les favans même s'en difpenferont fouvent quand ils fauront que celui pour qui ils écrivent ou n'y prend pas garde de fi prèz ou y fupléc fans peine, & que rien ne l'arètera dans la lecture.

Il n'y a guéres que les inprimeurs, qui feront obligéz à cete atention, parceque ce qui eft imprimé doit paffer pour une efpece de modele d'Ortografe, fur tout pour les étrangers, qui lifent nos ouvrajes & qui veulent aprendre la prononçiaçion par la lecture des livres.

Voiele on.

Pour exprimer le fon fimple on, nous n'avons bezoin que du trait de jonction de la voiele o, avec la confone n, ainfi pour écrire le mot Latin Salomon on ne mètra point de trait de jonction de ces deux figures o, n, on laiffera la voièle o, & la confone n, feparées, parce qu'elles fe prononfent toutes deux très-diftinctement dans le mot Latin Salomon, au lieu que dans le mot Françfois Salomon, on ne prononçe dans la derniere filabe ni o, ni n, mais feulement le fon on, qui étant un fon fimple doit être fignifié par une figure fimple & unique; or nous en ferons une figure unique par le petit trait de jonction.

Voilà autant de fujètions abfolument néceffaires pour quiconque voudra diminuer tous les jours le nombre des équivoques dans fon Ortografe, il eft vrai, que le grand uzaje de l'écriture peut fupléer dans les mots comuns aux omiçions, qui pouroient cauzer des équivoques, mais fans ces fujeçions on ne fauroit faire éviter les équivoques dans l'écriture des noms propres & des mots d'une langue inconuë, dont on ne fauroit deviner la vraye prononçiation que par des caracteres précis & propres pour chaque fon & pour chaque articulation de ce fon.

Voièle un.

Pour exprimer la voièle un, d'une maniere qui ne foit point équivoque pour les étrangers & pour les enfans à qui on aprend à lire & à écrire, il n'y a qu'à *a*joûter le trait de jonqſion entre les deux lètres qui ont coutume de ſi*g*nifier ce ſon un.

Voièle eu.

Le ſon eu, eſt un ſon auſſi ſimple que le ſon u, ou le ſon on, ainſi il eſt à propos de l'exprimer par un *c*ara*c*tere ſimple & non pas par les deux voièles ſeparées e, u, comme nous avons *f*ait juſqu'ici ſans aucune marque, qui avertiſſe, que ces voièles écrites n'ont point alors leur *ſ*i*g*nification propre & ordinére, ainſi le *c*ara*c*tere eu s'écrira & s'imprimer*a* comme une ſeule lètre, parceque la lètre e ſera toujours jointe à la lètre u, par un petit trait horizontal comme dans ce mot feu.

D'un coté cette figure eu, ſera ſufizamment di*f*erente des deux lètres e, u, par un trait ou par un poin*c*t de jon*c*tion, & d'un autre coté elle lui reſſemblera aſſéz pour faire ſouvenir qu'elle ſignifie toujours le ſon eu, que les deux autres enſemble ſignifioient auparavant, mais d'une maniere très-équivoque lorſqu'il n'y avoit point de trait de jonction ni aucune autre marque diſtinqtive.

Voièle eun.

Pour exprimer le ſon ſimple eun, par un qaractére sinple, il n'y a qu'à joindre la conſone n, par un trait à la voièle eu, comme dans ce mot à jeun.

Voièle ou.

Le ſon ou, eſt un ſon auſſi ſimple que le ſon u, il n'eſt donq pas raizonable de vouloir l'exprimer par deux caracteres qui ont des ſignifications toutes diferentes de ce ſon ſimple, ce qui jète neceſſairement le Lecteur dans l'erreur.

Il eſt très-deraizonable de vouloir exprimer ce ſon par deux caractéres qui ſignifient deja deux ſons diferens comme o, & u, dans Antinoüs, dans

Piritous, puisqu'il est impossible alors d'éviter l'équivoque sur tout dans les noms propres.

D'un autre coté il ne faut qu'un caractere; & de l'autre, afin que l'on devine facilement sa signification il est à propos qu'il ressemble le plus qu'il est possible à la letre o & à la lètre u, auxquelles nous sommes acoutuméz; or on ne pouvoit pas faire mieux pour y réussir que d'assembler la lètre o, avec la lettre u par un petit trait de jonction comme dans la figure ou, & dans ce mot doux.

Voilà huit figures simples, qui manquent encore à notre Alfabèt an, en, in, on, un, eun, eu, ou, pour signifier quelques-uns des son simples.

Quand on prononce vite deux sons sinples, il resulte un son compozé de ces deux sons, ce son pouroit s'apeler diftongue pour faire entandre que ce son ne fait qu'une silabe.

Quelquefois le mème mot fait en vers deux silabes, quelquefois il n'en fait qu'une selon que les sons qui le composent

composent sont prononcéz ou séparément & distinctement l'un de l'autre, ou selon que ces sons sont prononcéz vite & confusément; mais cela ne vaut pas la peine d'être marqué.

La figure œ dont nous nous servons dans les mots cœurs, sœurs, mœurs, n'est point une diftongue en Franſois, puisqu'elle ne signifie qu'un son trez-simple qui est signifié par la figure eu, ainsi il faut la retrencher comme équivoque & inutile.

Tons des Chinois.

Pour écrire les mots de la langue Chinoize, il faut non seulement avoir une marque pour signifier quand les sons sont longs, mais il faut encore avoir une marque pour signifier quand le son doit être prononcé d'un ton aigu ou d'un ton grave; car pour le ton ordinaire il ne faut point de marque particuliére, cela fait que la mème silabe peut se prononser de six manieres diferentes & signifier six chozes diferentes sans aucune équivoque pourvû qu'on le prononce lentement. J'ai vu aux Jesuites un Chinois qui parloit Fransois & qui nous dit un jour, à M. de Fontenelle & à moi, que la silabe sim, prononsée de six manieres avoit six diferentes significations.

Or si nous avions à marquer ces diferentes modificaçions de tons sous la silabe sim, cela ne seroit pas dificile; car il n'y auroit rien a marquer à la silabe sim, prononcée brèvement & du ton ordinaire, mais en mettant un acçent *grave* de gauche à droite sous la voièle sim, on marqueroit le ton grave, au lieu qu'en écrivant sim, avec un acçent aigu de droite à gauche on signifieroit le ton aigu, èt si l'on vouloit écrire le mot sim avec un trait horizontal dessous, le trait marqueroit le son long, & l'acçent *grave* marqueroit le ton grave.

Outre les voièles & modifications des voièles qu'il faut ajouter à notre Alfabet pour se conformer à cette quatriéme regle que je viens d'expliquer, il est encore à propos d'y ajouter plusieurs consones qui nous manquent.

Consones écrites, qui nous manquent & qu'il faut ajouter à l'Alfabet écrit.

Il nous manque quatre figures simples pour signifier quatre articulations simples; nous alons en parler.

Consone ch ou plutot ch.

Nous écrivons l'articulation du mot char par deux figures & même par deux lêtres c & h, qui ont ailleurs chacune leur fonction; cependant comme cette articulation est aussi simple que l'articulacion s, nous devrions l'écrire par une figure simple, & d'ailleurs il ne faut pas emploier deux figures, qui ont chacune leur fonction particuliere, & leur signification propre très-diferente de cèle qu'on veut leur atribuer.

D'un autre coté il est à propos que cète figure unique ressemble, s'il est possible, aux deux figures, auxquelles nos yeux sont acoutuméz ; or cela est ainsi dans la figure ch, que je propose, car elle n'est autre choze que le c joint par un petit trait avec la letre h, pour ne faire qu'un mème caractere, ainsi au lieu d'écrire char par quatre lètres on écrira char par trois lètres qui sont telles qu'elles ressemblent fort aux quatre autres letres ; ainsi voilà une consone nouvèle necessaire à notre Alfabèt. Les Anglois pour exprimer cète articulacion écrivent sh, shérif, ils pouvoient joindre par un trait s, avec h, & écrire s-herif & n'en faire qu'une lètre.

Les Italiens se servent de la figure c, & ils écrivent cibo & prononcent chibo, & aparemment que les Romains modernes tienent leur Ortografe par tradition des ançiens Romains, qui pronon͟çoient, dit on, chichero, à cause de la marque du pois chiche que l'un des ancètres de Ciceron avoit au vizaje ; mais malheureuzement nous avons corompu en France l'uzaje de cète lètre c, en lui faizant faire souvent la sonction de la confone s, & quelquefois de la confone q.

Dans l'écriture manufcrite, qui fe fait avec viteffe il n'eft prefque pas poffible de diftinguer la confone c, de la voièle e, fur tout dans les noms propres, c'eft ce qui fait que j'opine à former un caractere nouveau qui foit formé de la figure c. jointe à la confone h, comme ici char, il faut feulement garder le c, çedillé ou avec une fédille comme ici ç, parce qu'il n'eft jamais équivoque, & n'emploier c, que pour q.

Confone l.

Cette confone, que l'on prononce dans ces mots mouillé, moulé, mal, bal, mal eft neceffaire à ajouter à notre Alfabèt, j'ai formé cette figure de la même lètre, dont on fe fert ordinairement pour la fignifier à l'exception du point fous la lètre l, que j'ai ajouté, c'eft l'invençion la plus fimple & la plus comode que l'on puiffe imaginer.

Les Italiens fe fervent de la confone

g, & de la confone l, pour fignifier cette articulation, mais ils jètent dans l'équivoque faute de joindre ces deux lètres par un trait qui ne *faffe* qu'un caractere fimple pour fignifier une articulation fimple: un favant de mes amis croit que faute d'avoir trouvé cette lètre les Romains n'ont jamais pu écrire le nom du premier fondateur de la Monarchie Francèze louis, c'eft qu'éfectivement ni les Grecs, ni les Latins n'avoient point cète atticulation ḷ, dans les mots de leurs langues, les Efpagnols ont beaucoup de mots qui comanfent par cète articulation ḷamas qu'ils écrivent mal, mais comme ils peuvent par deux l, llamas faute d'avoir imaginé de mètre un point fous la lètre ḷ.

Confone ᵹn.

La derniere filabe du mot *indigné* Franfois, & du mot *indigné* Latin, fe prononce très-diferemment & cependant elles ont été écrites jufqu'ici précifément de la mème maniere, ce qui jette neceſſairement dans l'équivoque ſur tout dans la prononçiaçion des noms propres; or comme l'écriture a pour but de ſignifier ſi préçiſément les paroles prononcées, que l'on ne puiſſe ſe tromper pour en deviner la véritable prononçiation tout ce qui jète dans l'incertitude & dans l'équivoque va contre le but de l'Ortografe, contre le but mème de l'éqriture.

Il eſt donq à propos de mètre une diferenſe dans la maniere d'écrire ces deux ſilabes ſi diférentes, çe qui ſe peut faire facilement en mettant un trait de jonction entre la conſone g, & la conſone n, dans le mot Franſois comme ici *indigné*, dans lequel on ne prononce point de g, au lieu que ne metant point de trait de jonction entre ces deux conſones du mot Latin *indigne*, on y prononçera naturellement le g, la lètre n, comme dans les mots gnome, gnoſtique.

Les Eſpagnols dans leur écriture ont inventé la lètre ñ, avec un trait deſſus pour faire la mème fonction que la figure gn, mais comme nous ſommes déja acoutumés à ces deux confones g, n, il n'y a qu'à y ajouter un trait de jonction pour n'en faire qu'une figure simple destinée à signifier une articulation simple mignon, magni, aparanment que les Grecs & les Latins, n'avoient point cète articulaçion dans les mots de leurs langues, puisqu'ils n'avoient point de figure ou de letre pour la signifier.

Confone ẋ.

Quelques-uns faute d'avoir les organes de la parole bien difpofèz ne fauroient bien prononfer la confone r, mais en faizant éfort pour la prononçer ils font une nouvelle articulation gutturale affez commune chéz les Efpagnols, chéz les Polonois, chéz les Alemans &c. mais pour fignifier cète articulaçion ils n'ont point encore de figure à çe deftinée ou de confone écrite.

Cette articulaçion, qui fe fait dans le gozier tient un peu de l'afpiration forte que nous exprimons par la confone h, elle tient auffi un peu plus de
l'articulaçion

l'articulaçion que font ceux qui ont la langue trop épaiſſe & qui tachent d'articuler le caractere r.

Or la letre ẋ avec un poinct eſt la figure particuliere que je propoſe pour ſignifier cète artiqulation; nous en manquons, il en faut une, que l'on en propoſe une autre, je l'adopterai volontiers.

Les Eſpagnols pour ſignifier cète artiqulation gutturale ſe ſervent quelquefois de la double conſone x, comme dans le mot Guadalaxara, quelquefois de la conſone j comme dans le mot aranjuèz, quelquefois de la conſone g, comme dans le mot muger, voici ces mêmes mots écrits ſans équivoque de la nouvelle maniere Guadalaẋara, aranẋuez, muẋer.

A l'égard de cète lètre ẋ, quatriéme conſone neceſſaire à ajouter à notre Alfabèt pour perfectioner l'Ortografe, ce n'eſt pas que nous ayions préſentement dans notre langue une artiqulation ſemblable à exprimer; mais comme nous pouvons avoir à exprimer une ſembla-

L

ble articulation de la langue Espagnole & même des autres langues, il est à propos de pouvoir écrire corectement leurs mots & sur tout leurs noms propres, de maniere que le Lecteur en puisse conoître sans peine la véritable prononsiaçion.

A l'égard de ce qui est dit dans cète quatriéme regle qu'une figure sufit pour exprimer un son & une seule figure pour signifier une articulation, il est aizé de voir que l'on ne sauroit trop faciliter l'écriture & la lecture de l'écriture aux enfans & aux étrangers, & qu'en ne proposant qu'une seule figure pour chaque son, pour chaque articulation, il sera bien plus façile & de la former & de la lire que s'il y avoit trois ou quatre figures pour le même uzaje.

De là il suit, qu'il est à propos de ne plus mètre dans l'Alfabet l'i Grèq ni en petit y, ni en grand Y. & éfectivement l'i grèq n'a été inventé que pour signifier, que le mot, dans lequel on l'emploioit, venoit de la langue Grècque ; or en verité s'il étoit neceffaire de se servir d'une voièle ou d'une consone de l'Alfabet Arabe, lorsque nous adoptons, & que nous écrivons un mot Arabe comme 'Amiral, Almanaq, Zenit, Nadir, cette methode nous mètroit dans la necessité d'adopter dans notre Alfabet plusieurs figures étranges & toutes les figures des Alfabets des langues étranjeres & mème des langues mortes, par exemple des voièles & des consones de l'écriture Hebraique lorsqu'il s'agiroit d'écrire un mot Hebreu ou tiré de l'Hebreu, ce qui feroit absurde.

De là il suit, qu'il ne faut plus faire uzaje de la consone p. jointe à la consone h. au lieu de la consone F, dans les mots Alfabèt, Filipe, Filosofe, &c. puisqu'il ne faut pas ambarasser notre Alfabèt & le rendre plus dificile à une infinité de persones, de femmes, d'enfans, d'étrangers, pour leur aprendre, que ces mots Alfabèt, filipe, filosofe vienent du Grèq & mème c'est une autre absurdité d'employer deux consones comme p. & h. lorsqu'il n'y a qu'une articulation simple à signifier, au moins il faudroit un φ caractere Grèq & un caractere simple pour signifier une articulacion simple & écrire φiloσoφe, φilipe & non pas Philoσophe, Philipe.

De là il suit, qu'il ne faut plus emploier les deux consones t, & h, dans les mots teologie, téoric, &c. puisque la seule consone t, sufit & que de dix milions de Lecteurs il n'y en a pas un qui se soucie de savoir si ces mots viénent du Grèq ou s'ils n'en viénent pas.

De là il suit qu'un jour il sera à propos de ne plus mèttre dans l'Alfabet la figure c, que pour équivalent de la figure q. & qu'il faudra mettre la consone ç, avec sedille en certains cas pour la consone s, comme dans le mot içi.

Le q. ne peut jamais être confondu avec un autre caractere, au lieu que le c, sur tout en écrivant vite, se peut confondre facilement avec la voièle e, ce qui cause des équivoques & particulierement dans les noms propres des persones, des lieux, des choses rares; car alors ce qui précède & ce qui suit dans l'écriture ne peut point garantir du doute & de l'équivoque fur la prononçiaçion.

De là il fuit, qu'il faut deux figures pour fignifier deux articulations, & qu'il ne faudra plus mètre dans l'Alfabet la figure x, pour fignifier deux confones, d'autant plus que l'on ne fait pas quand la filabe xa, fignifie gfa, ou gza, quand èlle fignifie qfa, ou qza.

Quand x n'eft que lètre finale il vaut mieux l'oter & fe fervir du z, à fa place, comme ici deuz, veuz.

Ce n'eft pas perfectioner l'écriture que de faire naitre des équivoques & de jeter le Lecteur dans des embaras & dans des doutes fur la veritable prononçiaçion, il vaut bien mieux alors pour éviter l'équivoque fe fervir de deux confones que d'en emploier une comme x, qui ne fignifie rien de précis entre quatre fignifications qu'elle peut avoir.

De là il fuit, que l'on ne metra plus un jour dans notre Alfabet la confone k, qui eft le Kappa des Grecs, puifque le q. en fait les fonctions fur tout lorfque l'on sera acoutumé à ne plus mètre la voièle u, après le caractere q, que lorsqu'elle se prononcera comme dans le mots quit, cuit, cuire, quire, quisse, cuisse.

REGLE V.

Il ne faut point mettre dans l'écriture des figures, qui ne s'y prononsent point, ou du moins il faut les surligner pour oter l'équivoque, ainsi les lètres surlignées seront lètres muètes.

ECLAIRSISSEMANT.

Comme le but de l'écriture est de signifier par telle ou telle figure, tel ou tel son, telle ou telle articulation, c'est-à-dire tel ou tel mot prononcé, il est évident que ç'est aler contre çe but & jeter le Lecteur dans l'erreur ou du moins dans le doute & dans l'embaras, que de mètre dans l'écriture des figures qui ne se prononsent point, c'est vouloir & ne pas vouloir ariver au but quand on se sert de moyens opofez à ce but, ce qui est une contradiction évidente & par consequent une parfaite absurdité.

Mais comme nos yeux sont acoutuméz à une certaine Ortografe vicieuze & superflue à l'égard de certains mots plus uzitéz, il est à propos de doner la liberté de laisser quelquefois dans l'écriture quelques lètres qui ne se prononsent point, pourvu qu'elles ayent une marque comme une petite ligne dessus, qui en avertisse les enfans, les provinciaux & les étrangers; nous parlerons encore de cète marque dans les regles passagéres.

De là il suit, qu'il ne faut point mètre double lètre b, là où l'on ne prononce qu'un simple b, ainsi on écrira Abé, aboier, &c. par un seul b, ou bien si l'on écrit Abbé, abboier, on mètra un trait horizontal sur la queue du premier ƀ pour avertir qu'il ne se prononce pas dans Aƀbé comme il se prononce dans le Latin *Abbas.*

De là il suit, qu'il ne faut point de c aux mots sçavans, sçavoir, ou bien il faut surligner le c̄ pour marquer qu'il ne se prononce point.

De là il suit, que dans les mots ac̄corder, ac̄croire, ac̄croissement, &c. il ne faut point deux c ou surligner le premier.

De là il suit, qu'il ne faut plus de d. aux mots adjouter, advocat ou du moins qu'il faut un trait sur la queue du đ & qu'il ne faut point double d, aux mots céd̄der, proced̄der, &c. ou du moins qu'il faut un petit trait sur la queuë du premier đ comme non prononcé.

De là il suit, que dans ces mots montée̅, caché̱e̅, mandie̅, Julie̅, &c. dont la derniere lètre e ne se prononse point, elle doit être marquée d'un trait horizontal au-dessus, mais il faut marquer la derniere voièle longue par un trait en-dessous.

De là il suit, qu'il ne faut point deux p, aux mots ap̄pas, ap̄puier, &c. ou du moins qu'il faut un trait sur le premier p̄.

De

De là il fuit, qu'il ne *faut* point deux t, aux mots attirer, attraper, mèttre.

De là il fuit, que dans les mots éfèt, efort, &c. il ne *faut* qu'un *f*. la double lètre f, ne s'y prononce point comme dans les mots Latins *effectus, effari*.

De là il fuit, que dans les mots aggreable, aggrandir, &c. il faut les écrire agreable, agrandir, agraver, ou du moins marquer que le premier g, ne se prononce point de la mème maniere qu'il fe prononce dans les mots Latins tels que *aggravare*.

A l'égard du double caractere l. là où il n'en *faut* qu'un fimple, il fera à propos que le trait fur le premier qui eft fuperflu, foit tout en haut, & que ce trait ne foit point traverfant, pour éviter de faire trop reffembler ce caractere au caractere t, comme dans ce mot aller, allant, mille, ville.

De là il fuit, que dans les mots añne, mañne, &c. il faut ou oter la premiere n, ou la furligner pour marquer qu'elle ne fe prononce pas avec la mème force que dans les mots Latins *annus*, *manna*.

De là il suit, que dans les mots er̄roit, ser̄roit, ar̄rangement, &c. il ne faut point deux r, ou du moins qu'il faut que le Lecteur soit averti par une marque que la premiere r, ne se prononce point aussi fortement que dans le mot Latin *errat*.

De là il suit, que dans les mots as̄signer, as̄saut, as̄sez, &c. il faut oter la premiere s. ou du moins marquer par un trait des̄sus qu'elle ne se prononce pas de la même maniere, que dans les mots Latins *assignare*, *missa*, ou bien écrire açigner, açaut, açéz avec une espece de s, c'est-à-dire avèq un ç sedillé.

De là il suit, que toutes ces lètres surlignées & les voièles soulignées comme longues seront autant de caraqteres nouveaux qu'il faudra que les imprimeurs fassent fondre, mais aussi l'art de l'imprimeriē, qui est si important à l'augmentation du bonheur des éta̱t̄s̱ aprochera tous les jours plus prèz de sa perfection.

REGLE VI.

Il ne faut jamais emploier ni une voiéle pour une autre voiéle, ni une confone pour une autre confone & encore moins une voiele pour une confone ou une confone pour une voiéle.

ECLAIRCISSEMENT.

ON n'auroit jamais deviné que nous eussions besoin un jour d'une pareille regle dans l'art de l'éqriture, car enfin n'est-il pas évident que d'introduire dans l'Ortografe un grand nombre d'équivoques & d'incertitudes, c'est aler directement contre le but de cet art : or peut-on imaginer un meilleur moïen d'introduire des incertitudes & des équivoques dans les caracteres, qui doivent servir à signifier les sons & les articulaçions que de faire faire quelquefois la fonction d'un caractere à un autre caractere, que de doner pour ainsi dire comiſſion à une figure, qui a ſa fonction trèz diſtincte & trèz ſeparée de faire la fonction d'un autre caractere, & de ſignifier le ſon que ſignifieroit naturèlement une autre figure.

Cependant tel eſt le deſordre ou notre Ortografe eſt parvenuë par degréz.

1. Faute de propoſer des regles ſimples & natureles.

2. Faute d'aſſujetiſſement de la part dès ſavans à cès regles.

3. Faute d'inventer & d'ajouter des caracteres ſimples à l'Alfabet pour ſignifier ou des ſons ſimples ou des articulations ſimples.

4. Faute d'avoir inventé un ſigne pour exprimer les ſons longs.

5. Faute d'avoir inventé un ſigne pour marquer dans l'écriture les caracteres, qui ne ſe prononſent point.

6. Enfin faute de chanjer l'Ortografe de chaque mot a mezure que la prononciation en a été chanjée dans l'uzaje ordinaire.

Il eſt évident, que fixer un caraqtere pour ſignifier toujours ou un certain ſon ou une certaine articulation & puis chanjer sans nécessité cète mème signification & employer ce mème caraqtere pour signifier un son tout diferant, une articulaçion toute diférente sans avertir de ce chanjement, c'est renverser par les fondemens le merveilleux art de l'écriture, c'est laisser perdre peu-à-peu un art infiniment utile.

3. On sent asséz la verité de ce que je dis ; mais comme nous nous sommes peu-à-peu fort éloignez de la regle, il faut aussi s'en raprocher par degréz, c'est ce qui est dificile, mais non pas impossible, sur tout si par l'autorité du gouvernement il y a comme dans ce Roiaume quelque compagnie destinée à perfectioner la langue écrite & la langue prononsée.

CONSEQUENCES

A l'égard des voïeles.

DE cète regle il suit, qu'il ne faut point employer la figure en pour signifier le son an ni écrire le mot entendre pour signifier le mot antandre.

Ainsi lorsque l'on voudra avertir l'étranjer & l'empêcher de tomber dans l'équivoque, il n'y a qu'à imprimer d'abort entendre & quelquefois antandre.

De là il suit, que pour signifier le son è brèf dans les mots trait, fait & le mème son è long dans les mots traits, mais, &c. nous avons grand tort de nous servir de la voïele a, jointe à la voiele i, qui signifient dès sons trèz-distinguéz du son è, mais enfin la choze est établie, nous y sommes si acoutuméz que nous ne saurions nous en dezacoutumer que peu-à-peu en écrivant quelque fois trēt, trēts, mēz, fēt, fēts.

Cependant jusqu'à ce tems-là, il est à

propos de faire ensorte que les enfans, les ignorans & les étranjèrs ne tombent pas dans l'embaras & dans le doute de la prononçiaçion de ces voièles a, i, & la choze est aizée, il n'y a qu'à écrire quelquefois cès mots & leurs pareils dans l'écriture & dans l'impreſſion d'une maniere reguliere, cète diference d'Ortografe avertira & de la veritable prononçiaçion & de la maniere reguliere dont il faut l'ortografier quand on veut s'aſſujetir à la regle, & faire éviter les équivoques.

De là il ſuit, qu'il ne faut plus mètre e, a, pour ſignifier le ſon a, dans ces mots placēa, manjēa, ſonjēa, commençēa, Jēan, pour plaça, manja, ſonja, commença, Jan; mais ſi l'on veut encore s'en ſervir, il faut dans l'impreſſion mètre un trait ſur la voièle ē, pour marquer qu'elle ne ſe prononſe point.

De là il ſuit, qu'il ne faut plus mètre ſur tout dans l'impreſſion, ces trois lètres e, a, u, pour ſignifier le ſon o, comme dans chapeau, eau, morſeau, monçeau, &c. mais ſi l'on veut encore s'en servir quelque tems, il faut écrire & imprimer quelquefois ce son brèf eau par o, & écrire quelquefois chapo, manto, oèzo, ce qui ne se peut faire que peu-à-peu en les voiant impriméz, tantôt à la maniere reguliere & nouvelle, mais plus rarement, tantôt à la maniere ançiéne & defectueuze & plus frequemment durant la premiere génération.

De là il suit, qu'il ne faut plus mètre dans l'impreſſion, ces deux lètres e & i pour signifier le son é, comme dans les mots Reine au lieu de Rène, Seigneur au lieu de Sègneur, Seine riviere au lieu de Sene &c. mais comme il faut encore s'en servir quelques anées jusqu'à ce que les ieux soient acoutuméz à l'Ortografe reguliere & facile, il est à propos que lorsque l'on écrira ces mots d'une maniere trèsvicieuze & trèz-irreguliere, on écrive & que l'on mète un acçent de gauche à droite sur la première lètre è, & un trait sous la lètre i, comme non prononcée, Rèine, Sèine, Sèigneur.

De

De là il fuit, qu'il ne faut jamais emploier les voièles e, & u, feparées l'une de l'autre pour fignifier le fon fimple u comme dans le mot ēuſſions, il faut alors par un trait fur la voièle ē marquer qu'elle ne fe prononçe point, j'ai ēu, il lui eſt dēu.

De là il fuit, qu'il ne faut point emploier ces deux voièles o & i, pour fignifier la voièle è, comme dans les mots aloit, venoit, pour alèt, venèt, &c. mais il faut s'en coriger & écrire & imprimer cèz mots quelquefois d'une maniére réguliére.

De là il fuit, qu'il ne faut point emploier les deux voièles o & i, pour fignifier les fons o, è, prononçèz avec viteſſe comme dans les mots boit, foit, Roi, au lieu de boèt, foèt, Roè, ni les mots foient, Rois au lieu de foēt, Roēz, &c. mais il faut comenſer par peu de mots régulierement écrits afin d'y acoutumer peu-à-peu les ieux des Lecteurs.

Il faut par exemple écrire quelquefois ètèt pour eſtoit, ètèt pour eſtoient;

nous emploirions un cinquiéme moins de lètres dans nos écrits & dans nos livres, & il n'y auroit nule équivoque; or abrejer d'un cinquiéme le travail des copiſtes & des imprimeurs & faire éviter les équivoques, n'eſt pas un mediocre objèt.

De là il ſuit, qu'il ne faut point emploier les caracteres o & u pour ſignifier le ſon ſimple ou, qui ne doit être exprimé que par un ſeul caractere, par le trait de jonction d'o avec u: nous en avons déja parlé.

De là il ſuit, qu'il ne faut jamais emploier la voièle u pour la conſone v, ni écrire uotre pour votre, ni la conſone v pour la voièle u, ni écrire vn, vſage, pour un, uzaje.

CONSEQUANCES
à l'égard des Conſones.

DE là il ſuit, qu'il ne faut jamais emploier la conſone g, à la place de la conſone j. ainſi il faudroit écrire saje, uzaje, &c. il ne faut point que la mème letre g, puisse signifier deux articulations aussi diferentes que le sont ga & ja, il faut deux figures diferentes pour deux articulations diferentes.

De là il suit, qu'il ne faut point emploier la consone c, pour la consone s. par la raizon qu'il ne faut jamais doner à une mème consone la fonction de signifier deux articulations aussi diferentes que le sont ces silabes qi, & si, mais on remediera à cet inconvenient en ajoutant une sedille à la figure ç, toutes les fois qu'on l'emploira à la place de la consone s, comme dans ces mots Frànçe, François, plaçe, prononçiaçion.

De là il suit, qu'il faut toujours se servir de la consone g, & de la consone n, séparées pour signifier la premiere silabe des mots gnostique, gnome, ou la derniere du mot Latin *digna*; mais comme la derniere silabe du mot digne, Franfois, est une articulation sensiblement diferente à l'oreille, il faut aussi que dans l'écriture & sur tout dans l'impreſſion, il y ait une diference ſenſible aux ieux; or pour cela, il n'y a qu'à joindre par un petit trait la lètre g, avec la lètre n. comme dans ce mot de notre langue indigne, au lieu que dans le mot Latin *indigne*, il n'y aura nul trait de jonction: nous en avons déja fait mention.

De là il ſuit, qu'il ne faut point emploier deux caracteres ſeparéz comme c, & h, pour ſignifier l'articulaçion de la ſilabe cha, mais pour ne plus embaraſſer les enfans & les étrangers, il n'y a qu'à joindre la lètre c, à la lètre h, & n'en faire qu'une lètre ſimple pour ſignifier une articulaſſion ſimple, comme dans le mot char: j'en ai déja parlé.

De là il ſuit, que l'articulation de la conſone l, de la derniere ſilabe des mots mouillé, fouillé étant très-diferente de celle des mots moulé, ſoulé, & la double l, ne s'i prononſant point comme elle ſe prononſe dans les mots Arabes *illa*, *alla*; il faut un caractere particulier, qui ne ſoit ni un l ſimple, ni deux l. mais cependant un caractere qui ait quelque reſſemblance à la figure l; or il n'y a qu'à mètre un poinct ſous la lètre l, comme ici moulé, ſoulé, çe poinct marquera que c'eſt une lètre nouvèle, inventée pour ſignifier une articulaçion diferente de cèle que ſignifie la lètre l.

Les Eſpagnols ont beaucoup de mots qui comencent par cette ſorte d'articulation, & ils n'ont pas non plus que nous de caractere propre; j'en ai déja parlé.

De là il ſuit, qu'il ne faut point employer la conſone m, aprèz les voièles pour faire la fonction de la conſone n, comme dans les mots condamné, ſimple, damnèz, impreſſion, ſavamment, emploi; mais ſi l'on veut continuer à s'en ſervir dans l'impreſſion, il faut pour éviter toute équivoque joindre la voièle à la premiere m, comme ici conda-mné, da-mné, ſi-mple, ſava-mment, emploi, impreſſion, & avertir par une regle paſſajere, & dans l'Alfabet, que les voièles a, e, i, o, u, eu jointes par un trait à la confone m, fignifient le mème fon que fi elles étoient jointes à la confone n. Mais le plus court eft de mêtre la lètre n, condanné, dannez, inpreffion, enploi, favanment, sinple, inmenfe.

De là il fuit, qu'il ne faut jamais employer les deux confones p & h, pour fignifier l'articulaçion que fignifie la confone f, comme dans le mot Philofophe, &c. il faut donq écrire Filozofe.

De là il fuit, qu'il ne faut jamais employer les deux confones t & h, pour fignifier l'articulation, que fignifie la confone t, comme dans les mots Theorie, Theatre, mais écrire Teorie, Teatre : nous en avons parlé.

De là il fuit, qu'il eft auffi ridicule d'employer la confone s, pour la confone z, qu'il feroit ridicule d'employer la confone z, pour la confone s, il ne faut point multiplier les dificultez de l'art de l'Ortografe, fans neçéffité ; or où eft la neceffité d'écrire la lètre s, lorfqu'il faut écrire la lètre z.

Je fai bien, que nos maitres à lire donent pour regle aux enfans, *que tou-*

tes les fois qu'en François la confone s, fe trouve entre deux voièles elle fe prononcera comme la confone z; mais en bone foi ne trouveroit-on pas abfurde que l'on donnat pour regle, *que toutes les fois que l'on trouvera la confone z, entre deux voièles on la prononfera comme la confone s*? Or c'eft le mème degré de ridicule, car enfin n'eft-il pas auffi facile à celui qui écrit d'écrire z, que s, là où l'on prononçe la lètre z, & d'écrire s, là où l'on prononce s.?

Il ne faut donq qu'un peu d'atention pour fuivre en cette ocazion la regle generale, de *n'emploier* chaque lètre qu'à fa fonction propre & particuliere: & l'on s'épargnera ainfi cette regle nouvèle & abfurde fur la fonction ridicule de la confone s pour z.

De là il fuit, qu'il ne faut point emploier la confone t pour fignifier la confone s, comme dans la penultiéme filabe des mots articula*t*ion; fonction, adi*t*ion, men*t*ion, mais il faut y proceder par degréz peu fenfibles, il faut écrire quelquefois fonqfion, menfion comme penfion, adiçion, articulaçion.

REGLE VII.

Il faut faire ensorte autant qu'il sera possible que les caracteres soient tellement distinguez par leur forme, que l'un ne puisse jamais être pris pour l'autre ni dans l'impression, ni même dans l'écriture, & que ces caracteres soient trez faciles à former en écrivant.

ECLAIRCISSEMANT.

1. L'Ecriture financiere, qui Dieu merci commence à s'anéantir, avoit plusieurs grands défauts; mais elle en avoit un entre autres qui paroissoit aussi ridicule qu'insuportable. On afectoit dans cète écriture de ne faire aucune distinction entre les u & les n, le trait de liaison des deux pieds de ces deux lètres étoit traversant de bas en haut comme ici u, au lieu que ce trait de liaison doit être ou tout en haut pour la consone n, ou tout en bas pour

la

la voièle u, de forte que ce caractere n'étoit véritablement ni n, ni u, ce qui cauzoit beaucoup d'équivoques dans les noms propres que l'on ne peut jamais deviner avec fûreté, ni par ce qui précède, ni par çe qui fuit dans l'écriture.

2. Il eft évident, que plus les caractéres font faciles à formér, & cependant trèz-diftinguèz entre eux, plus il fera facile d'écrire vite & d'une écriture trèz-lizible fans anbaras, & fans laiffer de doutes & d'incertitudes.

Conféquançes.

Il fuit de cette regle que notre t, étant un peu trop femblable à notre r, il eft à propos d'alonger davantage le t, & de lui doner une courbure au pied comme dans ce mot bat, & ne point doner de courbure par le pied à la confone r.

De là il fuit, que la confone s, eft mal formée dans notre impreffion, quand elle n'a pas de queuē retrouffée, car

alors elle reſſemble trop à notre conſone l, manuſcrite.

De là il ſuit, que la figure de la conſone f, imprimée a deux défauts, l'un
qu'elle n'a point de queüe, l'autre que
le trait, qui doit la traverſer n'eſt pas
ſuſizanment marqué.

Il ſuit de cète regle que moins il y
a de liaizons d'une lètre à l'autre dans
l'écriture manuſcrite plus elle eſt lizible, & que plus il y en a & plus èle
eſt dificile, c'eſt une regle, que done-
ront les maitres d'écriture ſenſèz, car il
y en a d'aſſez mal aviſéz pour chèr-
cher dans l'écriture, autre choze que la
ſinplicité des caracteres, leur diſtinction,
leur ſituation, leur proportion entre
eux, en un mot la plus grande facilité
à lire l'écriture & à la former, ils y
veulent des ornemens, qui ne font que
randre l'écriture plus dificile à former
à leurs écoliers & plus dificile à lire aux
Leqteurs.

De là il ſuit, qu'il vaut mieux uzer
dans l'inpreſſion de la figure a, manuſcrite plus facile à former que de la fi-

ɡure a, dont ſe ſervent les Inprimeurs, la figure a, eſt gotique & plus dificile à former.

REGLE VIII.

Les caraɛ́téres impriméz doivent être préçizément de la même figure que les caraɛ́teres manuſcrits bien formez.

ECLAIRCISSEMA-NT.

LE but de l'écriture tant inprimée que manuſcrite c'eſt d'auɡmenter la facilité de la leɛ́ture; or il eſt évident, que moins il y aura de diference entre çes deux eſpèçes d'écriture, plus il y aura de facilité pour les Leqteurs.

Conſèquançeš.

De là il ſuit, que dans l'inpreſſion on doit uzer de la figure *a*, & non de la figure a.

De là il ſuit, qu'il ne faut plus join-

O ij

dre dans l'impreſſion, la conſone s jointe avec la conſone t, pour n'en faire qu'un caraqtère.

De là il ſuit, qu'il ne faut point joindre dans l'impreſſion, la conſone c avec la conſone t, pour n'en faire qu'une figure.

REGLE IX.

Lorſque les noms de famille, & les mots des langues étranjeres que nous emploions dans notre langue, ont dans leur écriture quelques letres qui éloignent le Leqteur de leur vraie prononçiation, il ne faut pas laiſſer de les écrire ſelon la même Ortografe vicieuze que nous les avons reçus, mais il eſt à propos de les écrire encore en italique ou entre deux crochèts ſelon l'Ortografe qui conduit le Lecteur à la prononçiation exacte de çèz mots.

EQLERCICEMENT.

ON doit d'un coté faire enſorte que les nons propres & les mots étranjers ſoient reconus dans leur ançiéne écriture ſoit par les familes, ſoit par les étrangérs, & de l'autre on doit faire conoître au Lecteur ſans aucun doute la véritable prononçiaçion du mot, puiſqu'enfin le but de l'écriture eſt toujours de faire conoître exaqtement la prononçiation exacte du mot prononſé; or en écrivant ce mot de deux manieres on ſatisfait à ces deux devoirs, ainſi on écrira Caen (Qan) Laon (Lan) Rouen, (Rouan,) &c. juſqu'à ce que les Lecteurs ſoient acoutuméz à l'Ortografe reguliere.

REGLE X.

Il y a souvent des voieles finales comme e & a, qui dans ces mots de, le, la, que, entre, jusque, presque, me, te, se &c. ne se prononçent point dans la suite du discours devant une autre voiele, on a coutume d'ometre ces voiéles dans l'Ortografe, & de marquér par une virgule superieure ou virgule d'élizion qu'elles sont omises exprèz.

ECLERCISSEMANT.
3

Ces *non-prononçiations*, sont fort frequantes dans le discours Madamē èst, Madamē y ala, femmē aimable, femmē agreable, femmē hureuze, honetē homme, hommē ocupé, fillē unique, ces voiéles muètes dans la prononçiation devroient être marquées dans l'écriture comme muètes avec un trait horizontal dessus, ou devroient être suprimées par la virgule d'élizion, mais jusqu'à present on n'a fait ni l'un ni l'autre; car d'un coté on ne les marque point dans l'écriture, comme muètes, & de l'autre on n'écrit point Madam' étoit, fill' unique; il est vrai que dans les mots ci-dessus marquez dans cète regle on suprime ces voieles muétes avec le secours de la virgule d'elizion, mais cela même est un grand defaut dans notre Ortografe, car il faudroit ou les suprimer toutes également avec le secours de la virgule d'elizion, ou n'en suprimer aucune, mais les marquer toutes comme muètes, ainsi il semble qu'il faudroit former ainsi la dixiéme regle.

La voiéle, qui ne se prononse point dans la suite du discours devant un mot, qui comense par une voiéle, ne sera point suprimée, & la supression n'en sera point marquée par la virgule d'eliZion; mais elle sera surlignée comme muète.

Alors au lieu d'écrire l'Ortografe on écriroit la Ortografe, l'ame on écriroit la ame, la amie, lē ami, lē esprit, honetē homme, hommē oqupé, Madamē étoit.

Il y a moins d'équivoque à s'acoutumer peu-à-peu à la regle uniforme du furlignement des voiéles non prononcées, qu'à la regle non uniforme, & par conſequent trèz équivoque de la virgule d'elizion que l'on ne met qu'en certains cas où la voièle ne ſe prononſe point, car il ſemble qu'il faudroit écrire Madam' étoit, homm' ocupé.

Il faut éviter l'équivoque dans l'écriture, premier principe; or le parti de furlignement perpetuel de la voièle muète, eſt moins dificile que le parti de la virgule d'élizion perpetuelle, & de la ſupreſſion perpetuèle de la voièle muète.

Mais cète regle ne peut être obſervée de lontems, & ſeulement quand il s'agira de porter l'Ortografe à une trèz-grande perfeƈtion, car quant à preſent nous ne ſongeons qu'à éviter les équivoques, & ici il n'y en a point, & il me paroît plus rèzonable de laiſſer ſubſiſter, quant à prézent, le défaut d'uniformité que de vouloir y remedier.

REGLE

REGLE II.

Comme les mots sont separéz dans la prononçiaçion il faut aussi les separer dans l'écriture, & comme il y a des endroits dans le discours prononcé où le sens n'est pas achevé; mais seulement suspendu comme pour reprendre hâleine; on se sert d'une virgule dans l'écriture pour marquer cette suspension; & comme il y a un repos plus marqué dans la prononçiaçion, lorsque le sens du discours est fini; on se sert d'un poinct après la derniere silabe pour marquer la fin du discours, pour expliquer une autre pensée, on se sert dans l'écriture du changement de ligne ou du delignement pour commencer un nouvel article, c'est ce que l'on apèle en Latin alinea, dont on a fait un mot François.

ECLERSISSEMENT.

Cette derniere regle contribue à perfectioner l'art de l'Ortografe, c'est particulierement aux Corecteurs d'Imprimerie à coriger les *fautes* d'Ortografe, & à obferver ce qui regarde les virgules ; c'eft aux Auteurs feuls à marquer les *delignemens* ou les *alinea*, & l'on peut obferver, que plus il y en a dans un difcours, plus il eft facile de le bien comprendre, la plûpart de nos bons Auteurs ne multiplient pas fufizament ces *alinea*.

REGLES PASSAJERÈS.

Il eft dificile de ramaffer toutes les regles inmuables de l'art de l'écriture, de les expofer avec clarté, d'en bien demontrer l'utilité & la neceffité, de les bien aranger entre elles, d'en tirer le plus grand nombre de conféquences les plus importantes, de doner les meilleurs exemples, & d'éclaircir toutes les objections.

Mais comme il ne s'agit pas feulement d'une fimple fpeculation, à laquelle chacun fe rend volontiers comme à des regles fajes dictées par le bon fens, & pour ainfi dire par la nature elle même, le poinct le plus important & le plus dificile, c'eſt de propoſer des moiens faciles à pratiquer par tout le monde, & ſur tout par les Imprimeurs & par les maitres à écrire, afin que chacun contribue pour ſa part, à faire executer ces regles, mais par degrez preſque inſenſibles, c'eſt ce que perſone n'a encore propoſé & ce que je vais tacher d'exécuter.

Pour en venir à bout je vais expoſer des regles paſſajéres, comme autant de moiens de paſſer par degréz preſque inſenſibles, par une augmentation continuèle, journaliere & anuèle de petits chanjemens durant deux ou trois générations, de l'Ortografe vicieuze, à l'Ortografe reguliere.

Ce qu'il y a de plus facheux à craindre, c'eſt que notre Ortografe vicieuze peut tellement aler de mal en pis, que ni les enfans, ni les étranjers ne pouroient plus, ni lire ni écrire qu'avec beaucoup de peine, la plupart des mots à cauze d'un nombre prodigieux d'exceptions, qui ſe feront chaque ſiécle contre les premieres regles & qui se multiplieront tous les jours, parcequ'il se fait des changemens perpetuels dans notre prononçiaçion, tandis que nous n'en faizons pas sufizanment dans notre Ortografe.

Ainsi il arivera que dans deux ou trois cens ans la plupart des mots auront chacun leur Ortografe particuliere, qui sera exceptée de la regle générale, ainsi les étrangers ne pouront plus deviner la prononçiaçion actuelle par aucune regle génerale, & les Fransois eux-mêmes feront obligéz d'aprendre leur propre Ortografe par une longue tradiçion, & par une longue habitude à lire & à écrire, à cauze de la multitude presque infinie d'exceptions particulieres que l'on aura faites aux regles générales, qui ne devroient jamais soufrir aucune excèpsion.

Nous comensons à avoir bezoin de Maitres d'Ortografe, pour nous aprendre l'Ortografe savante irreguliere & pleine d'exceptions; car pour l'Ortografe reguliere il ne faudroit que des

Maitres pour aprendre à lire, s'il n'y avoit plus d'exceptions aux regles.

Nous tomberons ainſi en peu de ſiécles dans un inconvenient preſque ſemblable à celui que nous reprochons aux Chinois; qui au lieu d'écrire comme nous leurs mots prononcéz ſont obligéz d'avoir une figure pour chaque idée, pour chaque dégré de ſentiment, pour chaque mot, enſorte qu'il faudra dans quelques ſiécles, que nos anfans paſſent preſque tout le tems de leur éducation comme les Chinois à aprendre notre propre Ortografe vicieuze, au lieu que ſi l'on veut s'aſſujetir dès à prezent à ſuivre peu-à-peu quelques regles ſimples & raizonables, rien ne ſera plus facile dans deux ou trois générations aux étrangers & aux enfans mèmes que d'aprendre à lire & à écrire trèz corectement & en peu de tems notre langue & toutes les autres langues du monde.

Je conviens, qu'il faut durant deux ou trois générations emploier pour écrire le mème mot, tantôt l'Ortografe vicieuze & ançiéne à laquelle nous sommes tout acoutumez, tantôt l'Ortografe reguliere & nouvelle, à laquelle il faut nous acoutumer, mais peu-à-peu, de sorte que le Lecteur se dezacoutume de voir toujours le mème mot écrit comme à l'ordinaire c'eſt-à-dire trez-défèctueuzemant & qu'il s'acoutume à voir tantôt un changement raizonable, tantot un autre, mais de maniere que ces chanjemens raizonables ne se prezentant point tous en mème tems le mot écrit à la nouvelle maniere ſoit toujours facilement reconú, & cela juſqu'à l'entiere dezacoutumance du defectueux & à l'entiere acoutumance au parfaitement regulier, ce qui demande pluſieurs générations.

Je vais expliquer plus amplement ces vûës générales en expliquant les regles particuliéres & paſſajéres, dont les Ecrivains & les Imprimeurs doivent faire uzaje durant l'intervale de ce long paſſage du très-defectueux au trèz-regulier, nous alons parler en détail de tous ces moiens à l'ocazion de chaque regle.

PREMIERE RÈGLE

Passajere.

Il faut furligner toutes les lètres foit voièles foit confones, écrites, qui ne fe prononfent point.

ECLAIRSICEMANS.

1. Nous avons dans l'Ortografe prefente une grande quantité de mots, dans lefquels il y a des lètres, qui ne fe prononfent point, il eft à propos tant pour les enfans que pour les étranjers qu'elles aient une marque, or cette marque fera une petite ligne fur la lètre muète.

Si par exemple on veut écrire les mots appliquer, advis, abbé, que, bēau, changēa, marchent, avec l'Ortografe ançiéne, on mètra un trait horizontal fur les lètres muetes ou non prononçēēs, puis peu-à-peu on otera la plûpart de ces lètres muètes paffajeres comme on ote des échafaudages necessaires pour batir, mais qui devienent inutiles & embarassans quand l'édifice est entierement bati.

2. Il poura bien ariver, comme j'ai dit, qu'il y aura toujours dans quelques mots quelques lètres muètes qui serviront seulement à éviter les équivoques dans l'écriture; or pour ces mots-là cète regle sera immuable & non passajere; mais il y en aura peu.

3. La consone finale, lorsqu'elle ne se prononse point sera marquèe par une ligne au-dessus comme les autres consones du milieu des mots qui ne se prononçent jamais.

4. Il y a des consones finales, qui se prononçent toujours soit à la fin du discours, soit dans le discours & mème devant un mot, qui comense par une consone, comme dans Job, Enoq, croq, soq, bloq, mal, bul, naturèl, soif; sauf, dans les mots mignès, alvarès, de la langue Espagnole, *tristes* de la langue Latine, &c. pour ces consones finales, il n'y a nule marque à ajouter parceque'elles

qu'elles se prononçent dans leur naturèl & signifient exactement l'articulaçion qui leur est propre & qu'èles doivent signifier par leur instituçion.

5. Mais il y a des lètres finales soit consones, soit voièles, qui ne se prononçent jamais, celles-là doivent avoir toujours une marque c'est-à-dire une petite ligne au-dessus comme dans ces mots poin$\bar{g}$, an$\bar{é}\bar{e}$.

6. Il y a des consones finales, comme t, s, z, &c. qui se prononsent souvent dans le discours, lorsque le mot, qui suit, comense par une voièle, & ne se prononçe$\bar{nt}$ jamè$\bar{z}$ devan$\bar{t}$ une consone ni à la fin du discours, comme dans ces mots dè$\bar{z}$, b$\underline{e}$te$\bar{s}$.

7. J'ai déja remarqué, qu'il est plus régulier d'écrire toujours un z, à la fin, aulieu d'un s, parceque devant la voièle qui suit, on prononçe z, & jamais s, si ce n'est dans les mots, qui se prononçent comme le Latin *Alvares*, car alors c'est la consone s, qui se prononçe à la fin de ces mots, soit devant les voièles, soit mème devant les consones.

Q

REGLE II.

Il faut écrire & sur tout imprimer de tems en tems le mème mot de diférentes manieres, mais avec ce temperament, que dans les livres des premiers trois ans, sur vint fois, le mème mot ne sera imprimé qu'une fois regulierement & 19 fois à la maniere anciéne & vicieuze, à l'égard des livres des seconds trois anz la proportion au lieu de rester de 19 à 1. sera de 18. à 1. dans les livres des troiziémes trois ans cette proportion sera comme de 17 à 1. & ainsi de suite.

ECLERCISSEMANT.

IL faut du chanjement, il faut du progrèz, mais il faut, que ce chanjement, que ce progrèz soit peu sensible de peur d'être incomode & dificile ; or en suivant ces proportions, il y aura du progrèz & ce progrèz ne sera pas tèl que les mots de l'Ortografe des livres actuèls puiffent être dificiles à lire.

Il y a pourtant des changemens peu fenfibles que l'on peut faire, prefque tout d'un coup, c'eft à l égard des doubles confones là où l'on n'en prononfe qu'une; car on peut dez les premieres anées oter prefque par tout la confone double non prononcée, & écrire prefque toujours aprendre, aboier, acorder, afaire, éfet, agreable, aquerir, aler, anée, ariver, barer, bariere, &c.

On poura de mème mètre les confones z & j, prefque par tout où ces confones fe prononçent, comme nous fommes parvenus à emploier en peu de tems la confone v. dans les mots où nous la prononfons.

REGLE III.

Il faut, que l'Imprimeur prene garde à ne pas mètre deux mots de suite corigéz entierement suivant la nouvéle metode.

ECLAIRCISSEMANT.

Tout le monde fait, que les mots bien écrits & bien ortografiéz, qui précèdent & qui suivent un mot mal écrit & mal ortografié servent à nous le faire deviner, ainsi il faut que le mot écrit selon l'Ortografe reguliere mais nouvèle pour être facilement deviné soit mis entre des mots écrits ou imprimez selon l'Ortografe anciéne & acoutumée, mais quand les ieux auront été acoutuméz au nouveau, on ne s'assujetira plus à cette regle passajére.

REGLE IV.

Quand dans le même mot écrit à la maniere ordinaire & vicieuze, il y a quatre fautes, il ne faut pas les coriger toutes, mais le prézenter corigé tantot de l'une tantot de l'autre durant les premiers trois ans, & à l'egard des seconds trois ans on le prézentera corigé de deux fautes & ainsi peu-à-peu.

ECLAIRCICEMA-NT.

Nous demandons des degréz presque insensibles; or ils seroient trop sensibles & blesseroient trop les ieux si on corigeoit tout d'un coup quatre fautes dans un seul mot, il faut que la corection totale ne se fasse qu'apréz que les ieux seront acoutuméz à presque toutes les corections particulieres. Il ne faut pas par exemple écrire le mot éqlersiçemant, même une fois contre 19. fois éclaircissement, si ce n'est peut-être dans soixante ans.

REGLE V.

Il faut faire servir la confone s, le plus rarement qu'il sera poffible pour la confone z.

ECLAIRCISSEMENT.

Mettre la lètre z. dans les mots où elle se prononse, est un changement trèz-sensible, mais cependant il est tel, qu'il ne cauzera jamais aucune dificulté à deviner, & je croi qu'en douze ou quinze ans on pouroit y être entierement acoutumé.

En gros, il faut comenser le perfectionement de l'Ortografe, & il se fera par petites parties en moins de générations, que l'on ne le peut croire, parcequ'il se fera comme de concert presque par chaque persone & par chaque Imprimeur.

REGLE VI.

Lorſque l'on met deux s, dans un mot & que l'on n'en prononçe qu'un, comme dans le mot mèsſe, dont les deux s ne ſe prononçent pas de la mème maniere qu'elles ſe prononcent dans les mots Latins Meſſe Miſſa, *où les deux s ſe prononſent, il faudra mètre un trait ſur le premier s ou bien mètre un ç avec une queuē mèçe.*

ESCLAIRCISSEMENT.

CEtte regle eſt une ſuite de la premiere paſſajére, mais comme les doubles s, revienent plus ſouvent dans l'écriture que les autres doubles letres, il m'a paru nécéſſaire d'en faire une regle exprèz.

REGLE VII.

Il ne faut point faire servir la consone c, à la place de la consone s, mais seulement la figure ç, avec une sédille qui sera l'équivalent de la lètre s.

ECLAIRCISSEMENT.

Comme la figure ç, est un équivalent de la figure s, on peut s'en servir à la plaçe de la consone s, devant les voièles e, é, è, i, eu, plaçe, plaçèt, glaçe, plaçé, çeux, en atendant que nous soions acoutumés à voir dans ces mots la figure s, à la plaçe de la figure ç ; cète figure ç, ne sera plus confondue avec la figure c, nous pourrons nous en servir de mème devant la voièle a, & écrire plaça au lieu de plaçēa, dans lequel la voièle e ne se prononçe point & devant la voièle u, & écrire reçu.

Et cela me fait soupsoner, que nous pourons bien être obligéz à conserver lontems

lontems deux caraqteres pour une feule artiqulaçion s, & ç, mais fi la choze eſt néçéçére, ce n'eſt pas une grande péne, s'il arive un jour que l'on ne faſſe plus fervir le caractere c, à la place du caractere s, mais feulement le caractere ç, nous ne verrons plus c, que comme équivalent de q, ou de k.

REGLE VIII.

Il faut faire fervir la confone g. le moins fouvent qu'il fera poſſible pour la confone j.

ESCLAIRCISSEMENT.

ON voit dans la premiere filabe du mot garantir, une articulaçion trez-diferente, de l'articulation de la premiere filabe du mot jaret, dans le mot gand, & dans le mot Jan, il faut donc deux confones pour ces deux articulations & ne les jamais confondre; il faut donq s'acoutumer à écrire, manjer, danjer, vijilant une fois contre deux fois danger, manger, vigilant &' ce changement peut fe fére prefque totalement en une génération.

REGLE IX.

On peut avertir les enfans & les étrangers, que leZ voièles a, e, i, o, u, eu, jointes à la confone m. fignifient le même fon que fi elles étoient jointes à la confone n.

ESCLAIRCISSEMENT.

PEu-à-peu on fe fervira de la confone n, à cette fonction, mais en atendant il eft à propos que l'enfant & l'étranjèr en foient avertis.

REGLE X.

Il faut que l'imprimeur au commenſement de chaque ouvrage, imprime un Alfabet le plus court qu'il ſera poſſible, de l'Ortografe nouvele ou ſoient les caracteres nouveaux, & les nouveles modifications de chaque caractere, & les regles que l'imprimeur a ſuivies dans l'ouvrage.

ECLAIRCISSEMENT.

ON ſent aſſéz la neceſſité de mètre un abregé du nouvel Alfabèt à la tête de la plûpart des Livres nouveaux, dans leſquels on fera quelque uzaje de l'Ortografe reguliere, ſur tout pour les livres plus durables, que recherchent les étranjèrs. On trouvera cet abrejé, à la fin de cet ouvrage; mais voici l'Alfabet perfectioné dans ſon entier.

Alfabèt perfectioné.

Le principal moien pour perfectioner l'Ortografe de toutes les langues du monde & en particulier de la langue Franſoèze, c'eſt de propoſer un Alfabèt le plus ſinple & le plus complèt qu'il ſera poſſible, tèl anfin qu'il ſoit le plus propre pour enſéyner à écrire avèq préçizion, avèc exactitude & ſans équivoque tous les mots de toutes les langues conuës & toujours uniquemant par raport à leur prononçiaçion, ainſi je me ſuis rezolu d'en former un qui ſoit plus étendu & plus inſtructif que ceux que j'ai vus.

Il eſt à propos que cet Alfabèt contiéne non-ſeulement les lètres réguliéres immuables, mais qu'il contiéne encore les lètres ou figures irréguliéres, équivalentes, paſſajéres, c'eſt qu'il faut ſur toutes chozes avoir beaucoup d'atenſion à faire enſorte que le paſſage de l'Ortografe viçieuze, à l'Ortografe réguliere ſe puiſſé faire en deux ou trois générations avec autant de facilité, & cepandant avec le moins d'équivoques qu'il ſera poſſible.

A l'égard de l'ordre que j'ai ſuivi

dans l'aranjement des figures de l'Alfabèt, il m'a paru plus raizonable de mètre toutes les voièles de suite, que de les mèler sans aucune raizon sufizante parmi les consones, comme on les a mèlées dans l'Alfabèt Latin & dans l'Alfabèt Grèq, & par une imitation servile dans notre Alfabèt Fransois; c'est qu'il est à propos de comenser d'abord par mètre les figures qui servent à signifier tous les sons sinples non articuléz de la parole prononçée : çe sont çès figures, çès caracteres que l'on apèle voièles sinples écrites.

Il faut ensuite montrer les figures, qui servent à signifier toutes les articulacions conues de tous ces sons ; ces figures s'apelent consones, parceque les articulaçions diferentes servent à modifier les diferens sons, & à former les diferantes silabes d'un mème mot prononçé ou d'une même parole.

De là on voit, qu'il faut autant de consones diférentes qu'il y a dans les langues d'articulaçions diferantes conues ; or nous n'en conoissons que vint diférentes.

Il y a des articulaçions, qui fe refsemblent, et qui ne diférent entre elles que par le plus ou le moins de force que l'on anploie à les prononfer.

L'articulaçion fignifiée par la confone b. bab ou bé, par exemple, reffemble fort à l'articulaçion fignifiée & exprimée par la confone p, pap ou pé, & n'en difére que parce qu'il faut apuier avec un peu plus de force pour bien prononcer le pap ou pé, que pour prononcer le bab ou bé ; or il paroît raizonable que dans l'aranjement, la confone foible bab précède immediatement la confone pap, qui eft forte & de mème genre.

Ainfi la confone foible z, zaz où zèd précèdera immediatement la confone forte s, fas, ou fé, ou ès, de meme genre.

D. dad ou dé articulaçion foible précédera immediatement la figure ou confone t, tat ou té, qui fignifie une articulation plus forte & de méme efpece.

La confone v, vav, ou vé, foible précédera immediatement, la confone f, faf ou fé ou éf qui eſt plus forte & de même janre.

La conſone j, jaj ou jé plus foible précèdera immediatement la conſone ch, chach, ou ché, plus forte & du même genre.

La conſone g. gag ou gūé, plus foible précèdera immediatement la conſone q, qaq ou qé plus forte de même janre.

La conſone l. lal ou lé ou èl, qui eſt plus facile a prononcer précèdera immediatement la conſone l, du mot moüillé, moulé, qui eſt une articulaçion plus dificile de mème genre.

La conſone n, nàn ou né ou èn précèdera immediatement la conſone gn, gnagn ou gné, du mot mignon un peu plus dificile à prononſer.

Telles ſont les regles que j'ai ſuivies dans l'arangement nouveau des caractères de cet Alfabèt nouveau. A cela prèz j'ai ſuivi l'aranjement ancien ; car quoique cet arangement ancién n'ait rien que d'arbitraire, il a l'avantaje d'être tout établi & ancien, & je n'ai pas de raizon fufizante pour le chanjer.

Nous ne conoiſſons que quinze fons finples dans toutes les langues, il n'y a aucune parole dans aucune; langue que nous conèſſions, qui foit fans quelqu'un de cèz quinze fons & dans laquelle il y ait quelque autre fon finple que l'un de ces quinze fons.

Ces quinze diferens fons finples lorſqu'ils font bretz, s'expriment dans l'écriture par quinze figures diférentes, que nous nomons voièles finples; ces mèmes figures, quand elles fignifient un fon long, doivent avoir quelque diférence & cette diférence eſt une petite ligne fous la voièle longue.

Voièles finples.

1. a	6. è	11. u
2. an	7. i	12. un
3. e	8. in	13. eu
4. é	9. o	14. eun
5. en	10. ou	15. ou

Pour fignifier, que chacun de ces fons

ſons eſt long, on met un trait ou une petite ligne ſous chaque voiéle comme ici a͟, a͟n͟, e͟, é͟, e͟n͟, è͟, i͟, i͟n͟, o͟, o͟n͟, u͟, eu͟, eu͟n͟, o͟n͟.

Conſones.

Nous ne conoiſſons juſqu'ici dans tous les mots de toutes les langues, que vint articulations diferentes, que nous pouvons exprimer dans l'écriture par vint figures ou letres diferentes, les voici.

16. b. bab ou bé
17. p. pap ou pé
18. z. zaz ou zéd
19. s. ſas ou ès
20. j. jaj
21. ch. chach
22. d. dad ou dé
23. t. tat ou té
24. v. vav
25. f. faf ou èf
26. g. gag ou gūe
27. q. qaq ou qu
28. h. hah ou ach.
29. l. lal ou èl
30. l̦. l̦al̦,
31. m. mam ou èm
32. n. nan ou èn
33. gn. gnagn.
34. r. rar. ou èr
35. ẋ. ẋaẋ,

Caracteres abregeans.

x ou x mis pour gz. gs. qz. qs.

&c. mis pour ces mots *& cetera*, *& le reſte*, *& les autres*.

S

Voila trente cinq lètres regulieres sans les figures équivalentes dont nous alons parler, il faut à tout Alfabèt complèt au moins ce nombre de caractéres pour signifier les quinze sons simples & les vint articulations de toutes les langues conues; mais il y a encore plusieurs autres figures équivalentes, la plupart passajeres, dont on se sert encore quoique souvent mal-à-propos à la place de quèlques-unes de ces voièles & de ces consones & dont on se passera un jour comme inutiles & ambarassantes & équivoques: nous alons en parler dans les articles de chacune de ces trente-cinq lètres.

OBSERVATIONS

Sur les voieles.

CE qu'il y a de plus important & de plus dificile dans l'Ortografe c'est-ce qui regarde les figures ou caracteres, qui signifient les diferens sons des diferentes paroles prononcéēz, ces fons s'apelent voièles prononcées, les figures, dont on se sert pour les signifier, s'apelent voièles écrites, il y en a quinze pour les quinze sons sinples.

On voit donq, que l'Alfabèt Romain est bien moins parfait que celui-ci, car pour les sons simples les Romains n'avoient que cinq letres ou caractères a, e, i, o, u, au lieu qu'il y en a quinze dans celui-ci pour les quinze sons simples, voilà dix figures, dix lètres qui leur manquent dans les seules voièles.

Il leur manque aussi quatre figures ou consones pour exprimer quatre articulations; il manquoit aussi dans l'Alfabèt Romain une marque pour signifier quand la voièle est longue, ce qui fait souvent une signification trèz-diférente, & deux mots très-diferans.

Comme ils avoient dans leur Ortografe des lètres qu'ils ne prononsoient point comme nous en avons dans la notre, il leur manquoit une marque de *non prononçiation* pour montrer les lètres muètes, qui quoiqu'écrites ne signifient

ni aucun fon¹, ni aucune articulaçion, &
cète marque eſt une petite ligne ſur la
letre muète comme dans ce mot Franſois qui̅, nous l'avons aparanment prononçé comme les Romains *qui*, dont
nous l'avons reçu, mais nous avons né-
glijé d'en chanjer l'Ortografe aprèz en
avoir chanjé la prononçiaçion.

VOIELES SIMPLES.

Je vais commencer par les voieles
ſinples, & puis j'examinerai les voièles compoſée̅s̅ ou voièles diftongues.

LETRE PREMIERE

Voiele A, qui a pour équivalent

A, a, e*a*, ē*a*.

A, Figure deſtinée à ſignifier le
ſon brèf de cèz mots b*a*t, r*a*t,
rab*a*t &c. ce caractere devroit être emploié dans les inprimez, comme il l'eſt
dans l'écriture manuſcrite, les Inprimeurs s'en ſervent dèja dans l'écriture

italique inprimée, il ne *f*aut point anploier deux figures pour *fig*nifier la mème choze quand une feule fufit; or la figure a, fufit, & cette figure eft mème plus facile à former par ceux qui écrivent que n'eft cele-ci a, qui fert aux Inprimeurs, & que nous avons empruntée des qara*ct*eres gotiques.

Quand le fon a, eft long on met un trèt-horizontal fous la voièle *a*, comme dans ces mots l*a*s, t*a*s, b*a*s, r*a*t, dans la derniere filabe du mot rab*a*ts &c.

*Cara*ct*eres équivalens.*

A, figure de l'Alf*a*bet Romain, que nous n'emploions plus que comme lètre capitale au començement du difcours ou au començement des noms propres des perfones, ou des lieux, ou des chofes rares, comme dans ces mots Adam, Arabie, & s'il étoit long on metroit un trait deffous, con*,*me dans le mot *A*ron, pour écrire core*ct*ement & fans équivoque.

Si l'on emploioit deux a, pour exprimer un a long on jèteroit dans l'équivoque, & le Lecteur auroit raizon de prononcer deux a, comme on les prononçe dans le mot Aa, qui fignifie une riviére.

On peut regarder ce caractere Romain comme paſſajer, parce qu'un jour il poura ariver que l'on fe fervira pour letres qapitales, de letres ordinaires avèq çète diférençe qu'on les fera du double plus grandes, & qu'on écrira ainfi ces mots adam, arabie, aron: il fera d'autant plus facile d'écrire & de lire qu'il y aura moins de fortes de figures pour fignifier ou le mème fon ou la mème articulaſſion.

On peut mème obferver, que nous avons déja plufieurs letres capitales, qui n'ont pas une autre figure que les letres ordinaires, teles font o, p, z, s, elles ne paffent pour capitales que par la diference de leur grandeur.

a gotique, que l'on emploie ordinairement dans l'impreffion, & qui devroit être fuprimé par les raizons précedentes; mais tant que l'on s'en fervira il faudra metre un trait deſſous quand il ſignifiera que le ſon *a* eſt long.

EA, caractere équivalent comme dans ces mots plaçēa, mangēa, il faut pour oter l'équivoque metre une ligne ſur la voyele ē, & écrire plaçēa, mangēa ou manjēa, on écrira un jour manja comme déja.

LETRE II.

Voiele an, qui a pour équivalent

an, em, e-m, en, ean, ēan.

A-N figure, dont on ſe ſert pour ſignifier le ſon de ces mots ban, an, brigand, gand; ſi cete voiele eſt longue on met un trait deſſous comme dans ces mots, bans, ans, dans, bans, ſang, rang, quand, brigands.

Caracteres équivalens.

AN, deux caracteres équivalens, paſſagers & équivoques anploiéz pour ſignifier le ſon ſimple an, & qui ſont les mêmes que l'on emploie pour signifier le mot Latin articulé *an*.

E M, caractere passajer, équivoque, comme dans ces mots empressé, rempli, au lieu de ces mots e-mpressé, re-mpli ou *an*pressé, ranpli.

Il faut même observer, comme *regle generale passajére, que la confone m. liée par un trèt avec une voiele précedente, signifie le même son que si elle étoit jointe à la confone n.*

E N, deux caracteres équivalens passajérs & équivoques, e-mploiez pour signifier le son simple *an*, comme dans ce mot entiere; or il est fort déraizonable d'emploier ces deux mêmes caracteres e n, non-seulement dans le mot entier, mais encore dans le mot Latin examen pour y signifier un son articulé, & de les emploier encore dans le mot Fransois examen pour signifier un son trez simple sans articulaçion, car ce sont trois sons diférens signifiéz par deux mêmes figures, grande absurdité, mais absurdité passajére.

EAN,

EAN, caractere pasiajer équivoque mangeant, placeant.

ēan, Caractere équivalent paſſajer non équivoque, il faut metre une marque ſur ē pour ſignifier, que cete voiele eſt muete & metre un trait de jonction entre la letre a, & la letre n, mangēant, placēant, manjēant.

Letre III. *Voiele e.*

E; ſon brèf come dans les mots me, te, ſe, le, ne, de, Dame, blame, melon, demande.

Nous n'avons gueres d'exemples où l'on prononce cette voièle longue ſi ce n'eſt à la fin des diſcours & dans quelques Provinces, & quelquefois dans le chant, & alors il faut la ſouligner e̱.

Le ſon repréſenté par cete voiele n'eſt pas aſſéz éclatant pour comencer un mot, ainſi cète voiele e, ne ſe mèt jamais qu'apres une conſone.

Ce ſon n'eſt point nazal.

Il eſt diferent du ſon an long.

Souvent cete voiele e, ne ſe prononce point, c'eſt quand elle eſt finale &

T

que dans un mot elle fuit la lètre é, comme dans ces mots lignée, foulignée, anée, bazanée, alors il faut la furligner comme muète ; on la prononſoit autrefois, & alors on avoit raizon de l'écrire, on l'écrivoit auſſi pour marquer la longueur de la voièle précédente, comme dans ces mots alée, Julie, amie, on la prononſe encore quelquefois dans le chant.

Ce ſon eſt trez-diſtingué des autres ſons, il eſt trez ſimple & trèz neceſſaire dans les langues & il èſt étonant, que les Alfabèts de la langue Grèque & de la plupart des autres langues, n'aient aucun caractere pour le ſignifier.

Letre IV. *Voiele é, qui a pour équivalent E, ai, ay, ei, éi.*

é, Figure qui ſignifie le ſon brèf de ces motz dé, pré, vérité, nécéſſité.

é long avec un trait deſſous comme dans ces motz, déz, bléz, préz & dans la derniere ſilabe des mots, veritéz, nécéſſitéz.

Caractères équivalens.

E, caractère romain non équivoque mais inutile.

ai, Deux caractères équivalens paſſajers & équivoques, comme dans ces mots taire, faire, paire, neceſſaire, j'alai, j'entrai.

Il n'y a rien de plus abſurde que de ſe ſervir de deux voieles ſans neceſſité pour en ſignifier une autre, qui eſt moins dificile à former & qui ne cauzeroit aucune équivoque.

Cela nous prouve cependant, que nos ancêtres prononſoient autrefois ces mots d'une maniere tréz diferente de fere, tere &c. & que nous gardons ſotement leur maniere d'écrire lorſque nous avons chanjé leur maniere de prononçer c'eſt-à-dire, que nous écrivons bien leurs mots, & que nous écrivons mal les notres, car faire & fére prononçéz comme ils ſont écrits ici, doivent ſignifier deux mots trez-diferens, deux prononçiaçions trez-diferentes.

On prononçe encore en quelques

Provinces les deux voièles a & i, dans ces mots faire paire, comme nos anciens les prononſoient, ils avoient alors une Ortografe reguliere, mais depuis que la prononçiaçion de ces mots eſt changée, nous n'en avons point changé l'Ortografe, ainſi elle eſt devenue très-viçieuze & très-irreguliere.

ay, Deux caracteres équivalens paſſajers très-équivoques comme dans ces mots j'ay, j'allay, j'entray.

Il y a encore des péizans dans nos Provinces qui prononcent dans ces mots, un peu la voièle a, & la voièle i, & qui en font un ſon compoſé ou diftongue.

ei, Deux caracteres équivalens & équivoqeſ peine, peigne, teigne, on fera ceſſer l'équivoque en otant la voièle i.

S'il y a des exemples ou, ái, & áy, ei, ſoient longs, il faudra mètre un trèt deſſous.

Letre V. *Voièle* en, *qui a pour équivalent en.*

en, Caractere, qui ſignifie un ſon

brèf comme dans ces mots examen, Aténien, Vénicien, mentor, chien, tien.

en, Long comme dans cès mo͞tz, examen͞z, Ateniens, Venicien͞z, chiens.

Caracteres équivalens.

en, Deux caracteres équivalens au caractere en, ils font très-équivoques & par confequent paſſajér͞s, comme dans ces mots Franſois, examen, Atenien, lien, tien, on évite l'équivoque en joignant ces deux lètres par un trait pour ne faire plus qu'un caractére.

Letre VI. *Voiele è, qui a pour équivalent* ai, ay, ei, oi, èi.

è, Son brèf, comme dans ces mots èt, fèp͞t, brèf, frèt, forèt.

è, Long, comme dans ces moz dèz, fèz, lèz, prèz, prèst, forèt, èst, intérèt, mèts.

Caractéres équivalens.

ai, Deux caractéres équivalans, équivoques & paſſajérs comme dans ces mots lait, fait, trait, au lieu de lèt, fèt, trèt.

ei, Deux caracteres équivoqes, comme dans ces mots Reine, Seine, il n'y aura plus d'équivoque si l'on mèt sur è, un accent de gauche à droite, & si l'on mèt une ligne sur i, pour marquer qu'elle ne se prononce point, & cela en atendant que nous soions acoutuméz à écrire simplement & regulierement Rène, Sène. L'Ortografe anciéne étoit reguliere, parceque l'on prononsoit ancienement la voièle i, dans le mot Reine du mot Latin *Regina*, mais l'Ortografe presente est devenuë irreguliere, & équivoque puisque la voièle i, ne s'y prononçe plus.

Letre VII. *Voiele* I, *qui a pour équivalent.* I, y, Y.

I, Bref comme dans ces mots ris, fi, fil, cri, prix, gris, midi, lundi, dimanche, ami, lict, soiéz, croiéz.

I, long, comme dans ces mots amiē, criē, priē, maladiē, pourvu qu'il fīt, qu'il dīt, qu'il prīt, dīts, līts.

Caracteres équivalens.

I, Caractere de l'Alfabet Romain sans poinct dessus.

y ou Y, Caractere passajer tiré de l'Alfabèt Grèq; mis pour la lètre i, dans les mots qui viénent du Grèq comme dans ces moz mystére, sylabe, mais peu-à-peu on s'en passe, & l'on a comensé à écrire silabe, mistere, par la raison qu'il ne faut point multiplier les figures sans nécéssité, & il est ridicule d'enprunter un caractere Grèq & de faire un nouveau caractere pour avertir que tel mot vient du Grèq, seroit-il raizonable de metre dans l'Alfabèt Fransez ou Anglez, un a de l'Alfabet Arabe pour marquer aux Lecteurs que ces mots Amiral, Almanaq viénent de la langue Arabe?

Letre VIII. *Voiele* in, *qui a pour équivalents.* in, im, i-m.

in, Figure dont on se sert pour exprimer le son de la premiere silabe de ces mots infini, indigne, infaillible, infenfible.

Si je ne mets point ici pour exemple ces mots mutin, vin, fin, lin & les autres terminés en in, c'eſt que nous les prononſons prézentement tous comme s'ils étoient écrits vein, lein, mutein, & comme l'écriture doit exprimer exactement la prononçiaçion, ils devroient être toujours écrits avec la voiele e.

Nous avons des Provinces où le peuple prononçe encore la confone n, dans le mot vin, ainſi nous écrivons mal çe mot, & nos anciens l'écrivoient bien.

in, Long, nous n'avons gueres d'exemples à citer, ce n'eſt pas que la derniere filabe de ces mots mutins, badins, couzins & de mille autres femblables ne ſoit longue, mais c'eſt que cete derniere filabe eſt mal écrite, & qu'elle devroit être écrite avec la voiele é, puiſque la confone é ſe fait un peu fentir dans la prononçiaçion, ainſi il faudroit écrire mutéins, badéins.

Caracteres

L'ORTOGRAFE.

Caracteres équivalens.

IN Deux caracteres équivoques, qui par le trait de liaison in cessent d'être équivoques.

im, Deux caracteres équivalens, équivoques & passagers comme dans ces mots imprimer, iinmortel, ils cesseront d'être équivoques par un trait de jonction, il vaut mieux écrire in-primer, inmortel.

I-M, Caractere équivalent & moins équivoque.

Letre IX. *Voiele O, qui a pour équivalent au, eau.*

O, Figure, dont on se sert pour signifier le son de ces mots, mot, pot, balot & de la premiere silabe de ces mots, modéré, solicité.

O, Long, comme dans ces mots pots, mots, bientot, balots.

Caracteres équivalens.

au, Deux caracteres équivalens très-équivoques & passajérs comme dans

V

ces mots maudit, fauſſe, baudèt, pauvre; le peuple de certains endroits de ma Province de Normandie, prononce encore ces mots, fauſſe, faut, chaud, haut, comme s'il y avoit faoſſe, ha*o*t, cha*o*d, mais ils apuyent plus ſur l'a que ſur l'o & ils alongent la voièle o̱.

eau, Trois caracteres équivalens très-équivoques & paſſagers comme dans ces mots chapeau, nouveau, marteau.

On diminuera l'équivoque de ces trois mots en marquant par un trait ſur ē, que cète voièle ne ſe prononce point martēau, chapēau.

Lètre X. *Voièle* on, *qui a pour équivalent.*
on, om, o-m.

on, Figure dont on ſe ſert dans l'écriture pour ſignifier le ſon de ces mos, ſon, don, ſonder, bondir; quand il eſt long on mèt un trait deſſous comme dans ces moz, ſo̱ns, fo̱nt, lo̱ngs, do̱ns, do̱nt, ro̱nds.

Caracteres équivalens.

on, Deux caractéres équivalens ;

équivoques paſſajers comme dans ces mots ſon, don, nous ferons ceſſer l'équivoque par le trait de jonction, qui ne fait qu'un caractere de ces deux lètres comme ici, don.

om, Deux caracteres comme dans ces mots comparaiſon, comme, ombre, &c.

o-m, Ombre on fait ceſſer l'équivoque, par le trait de la jonction de la figure o, avec la figure m; il vaudroit mieux écrire conme, onbre.

Letre XI. *Voièle u, qui a pour équivalent eu, eu.*

u, Figure, dont on ſe ſert pour ſignifier le ſon de ces motz, tu, mur, batu, plu, couzu, retenu humide, ſur, on met un trait deſſous pour ſignifier que le ſon eſt long, comme dans ces motz murs, retenus, ſurs, batus, couſus.

Caracteres équivalens.

eu, Deux figures équivalentes, équivoques & paſſageres, la lètre e ne s'y prononçe point & alors pour oter l'équivoque, il faut mètre un trait fur ē pour avertir, que cète letre ne fe prononce point comme dans ces mots fēur, fēureté, dēu, bēu, ēu, fēu, des verbes devoir, boire, avoir, favoir &c.

Il eſt certain qu'autrefois on prononſoit la voièle eu, j'ai eu, j'ai beu, j'ai feu, comme dans les mots bleu, peu-à-peu; ce qui le prouve, c'eſt que çes prononçiations ançiénes font encore demeurées dans pluſieurs Provinces parmi le peuple, qui à cauze de la tradition maternèle & de l'imitation filiale eſt lontems le fidele depoſitaire non-ſeulement des anciens mots, mais encore des ançiénes maniéres de prononſer, ce qui fait des mots diferens des notres; car le mot beu eſt un mot fort diferent du mot bu, puiſque la prononçiaçion eſt fort diferente.

Nous avons juſqu'ici fuivi l'exemple de nos ancêtres contre la regle, comme fi nous n'étions pas obligéz d'écrire ce qui fe prononſe actuellement par nos contemporeins, mais la plupart des écrivains començent à écrire, j'ai bu, j'ai lu, j'ai cru.

Letre XII. *Voièle* un, *qui a pour équivalent* un.

un, Figure dont on se sert pour signifier le son de ces mots chacun, brun, un.

Caracteres équivalents.

un, Deux caracteres équivalens, équivoques & passagers comme dans ces mots brun, un, qui sont équivoques, parce qu'il n'y a point de signe qui marque, que la letre n, ne se prononçe point comme dans le mot idithun.

Letre XIII. *Voièle* eu, *qui a pour équivalent* eu.

eu, Figure, dont on se sert pour signifier le son de ces mots feu, lie-u, Dieu, ble-u.

Pour alonger cète voièle il n'y a qu'à mètre un trait dessous comme ici feux

Caracteres équivalens.

eu, Deux caracteres équivalens, équivoques & paſſajers comme dans ces mots peu-à-peu, feu, bleu; le trait qui joint ces deux lettres n'en fera qu'une lètre & otera ainſi l'équivoque comme ici bleu, feu.

Letre XIV. *Voièle* eun, *qui a pour équivalent* eun.

eun, Bref, comme dans ce mot à jeun, Meun, nom d'un bourg préz d'Orleans : il y aura dans peu d'anées beaucoup d'autres mots ſemblables dans la langue Franſoize, parceque l'on commence à lès prononçer neglijament, quelques-uns diſent déja breun pour brun, les euns pour les uns, & éfectivement à y prendre garde de prèz, il eſt un peu plus aizé de prononçer breun que brun, de mème qu'il eſt un peu plus aizé de prononcer moulein que moulin.

Pour alonger la voièle eun, il n'y aura qu'à mètre un trait ſous eun.

Caractere équivalent.

eun, Trois caracteres équivalens, équivoques & paſſajers pour ſignifier un ſon très-ſimple, on otera l'équivoque par les deux traits de jonction, qui des trois voièles n'en fera qu'une comme dans ce mot à jeun.

Letre XV. *Voiele* ou, *qui a pour équivalent* ou.

ou, Figure, dont on ſe ſert pour ſignifier le ſon de ces mots ouf, mou, trou, moulin, roux, loup, tout, ſou, cou, mouche, on met un trait quand la voiele èſt longue, comme ici deſſous, coud, jaloux, gout, ragout, tous.

Caractere équivalent.

ou, Deux caracteres équivalens, équivoques & paſſajers, on otera l'équivoque par le trait, qui de deux voieles n'en fera qu'une comme dans ces mots ſou, trou.

OBSERVATIONS
sur les vint confones.

Comme il faut dans l'écriture autant de voieles diferentes qu'il y a de fons diferens dans la prononçiacion, il faut de même autant de confones ou figures diferantes qu'il y a d'articulaçions diferentes, dont on peut fe fervir dans tous les mots que l'on peut prononfer en toutes fortes de langues; or comme jufqu'ici nous n'avons remarqué dans les langues conuës que vint diférentes articulations, nous n'avons befoin que de vint diferentes figures que nous apelons confones.

Il y a dans notre Alfabèt actuèl deux manieres de prononfer la même confone ou la même articulaçion, la premiere en la prononfant avant la voiele, comme dans ces filabes ba ou bé, fa ou fé, la ou lé, ma ou me, na ou né, ra ou ré, fa ou fé; on fent, on entend l'articulation avant le fon, la feconde
en

en prononſant la même conſone apres la voiele, on ſent le ſon avant l'articulaſſion comme dans ces ſilabes ab ou èb, af ou èf, al ou èl, am ou em, an ou en, ar ou èr, as ou ès, &c.

Or il me ſemble, qu'il conviendroit mieux de doner un nom à chaque conſone, dans lequel on ſentit l'articulaſſion tant avant qu'apres la voièle, comme dans les ſilabes bab, faf, lal, mam, nan, rar, ſas, &c. on ſent la conſone ou l'articulaçion, tant avant qu'après la prononçiaçion de la voiele, 2. il me ſemble qu'entre le choix des voieles, il vaut mieux emploier la premiere voiele de l'Alfabet a, comme dans bab que la voiele è, comme dans bèb ou la voiele è, comme dans èf, èl, èr, &c. il ne faut point uzer inutilement de voieles diférentes.

Ces raizons me font croire qu'il convient davantage d'apeler ce caractere b, un bab qu'un bèb ou qu'un bé, le caractere d, un dad que de dire un dé, & ainſi des autres conſones pour conſerver dans la prononçiaçion de toutes les confones la même uniformité.

Mais pour le tems du paſſage de l'Ortografe vicieuze, à l'Ortografe reguliere, il ſera à propos de joindre la nouvelle prononçiaçion de la confone à l'anciene prononçiaçion, & dire à l'ocazion du caractere b, un bab ou un bé, on dira de même à l'ocazion du caractere m, un mam ou un em, à l'ocazion du caractere n, on dira un nan ou un en ; à l'ocazion du caractere f, on dira un faf ou un èf, &c.

Comme l'on ſous-entend le mot caractere, il faut dire un èf, un grand f bien formé, ſi c'étoit le mot voiele ou le mot confone, ou le mot letre, qui fut ſous-entendu, il faudroit dire une grande a, bien formée, une grande p, bien formée; mais c'eſt le mot caractere, qui eſt ſous-entendu, ainſi quand je dis le p eſt un peu plus dificile à prononcer que le b, cela veut dire le caractere p eſt un peu plus dificile à prononcer que le caractere b.

Letre XVI. Confone b, bab ou bé, *qui a pour équivalent B.*

b, Figure, dont on fe fert pour fignifier la premiere articulaçion de ces mots baril bonbe.

Il y a plufieurs langues comme la Grèque & la Latine, où l'on prononfoit dans beaucoup de mots deux confones femblables, comme dans *Abbas*, *appetitus*, *anno*, alors on avoit raizon d'écrire deux b, deux p, deux n ; mais comme dans la langue Franfoize, il n'y a gueres que les mots étrangers ou les noms étrangers, qui demandent double articulaçion, il ne faut pas metre de fuite deux confones femblables, quand il n'y a qu'une articulation fimple à exprimer, ainfi on doit écrire Abé, apetit, anée,

C'eft ici de toutes les regles la plus facile à executer ou bien, quand on voudra écrire Abbé, appetit, annéē, par deux confones femblables, il fera facile de mettre un trait fur la premiere des confones pour marquer que c'eſt une confone muète.

Caractere équivalent.

B. Caractere de l'Alfabèt Romein.

Letre XVII. Confone p, pap ou pé.

p, Figure, dont on ſe ſert pour ſignifier l'articulation de cesmots Pape, pan, pin, pain ou pein.

Letre XVIII. Confone z, zaz ou zed, *qui a quelquefois pour équivalant* s.

z, Figure dont on ſe ſert pour ſignifier une des articulations de ces mots, Mozaique, mazètte, Zigueza-gue, zele.

Caractere équivalant.

S, Figure dont on ſe ſert mal-à-propos à la place de la confone z, nous avons une mauvaize habitude de mètre ſouvent la confone s, entre deux voièles pour la confone z, comme s'il étoit plus dificile de former l'une que l'autre, mais de tous les changemans ce ſera celui qui fera le moins de pène au Leqteur, & auquel il s'acoutumera le plutôt.

J'ajouterai ici une remarque, c'eſt que je croi qu'un jour nous ne nous contenterons pas de ſubſtituer des z, à la place des s, à la fin des mots qui ſe terminent par la voièle é, mais encore à la fin des mots Franſois, qui ſe terminent par les autres voièles, ainſi les s, finales devant les mots, qui comenſent par une voièle, ſe prononſent comme de veritables z.

Mais il n'eſt pas encore tems de faire uzaje de cète remarque, & quand on en fera uzaje, il faut que ce ſoit peu-à-peu, tantôt à l'égard d'une voièle, tantôt à l'égard d'une autre, & encore faut-il obſerver d'écrire le mème mot tantot à la maniere anciéne, tantôt à la maniere reguliére & nouvèle juſqu'à ce que l'on voye que l'habitude vicieuze ſoit preſque entiérement paſſée dans les écrits des bons Ecrivains; car la raizon elle-mème doit garder de grandes mezures quand elle doit combatre une lon*g*ue & anciéne habitude, & quand par malheur elle eſt devenue peu-à-peu générale.

Letre XIX. Conſone s, ſas ou es, *qui a pour équivalent* c, ç, t, l.

S, Figure qui ſignifie l'articulaçion, qui eſt dans ces mots ſa, ſang, ſe, ſerieux.

Comme dans la lan*g*ue Franſoize on ſe ſert ſouvent de la letre s, mize entre deux voièles au lieu de la letre z, les Franſoëz ſont obligéz de mètre deux ſſ, entre deux voièles dans les mots où l'on doit prononcer la ſimple articulaçion s, çomme dans ces mots asſèz, masſon, meſſe, mais *a*lors pour avertir, que les deux s, ne ſe prononſent pas comme dans le mot Latin *aſsa* on mètra un petit trait horizontal ſur la premiere conſone s, comme ici meſ̄ſe où l'articulasſion s, n'eſt pas plus forte que dans les mots ſemé, ſang, ſi, dans leſquels il n'y a qu'un s.

Caractères équivalans.

C, Figure dont les Franſois ſe ſervent encore en pluſieurs ocazions devant les voièles e, é, è, i, au lieu de la figure s.

Cette figure jointe à une petite virgule comme içi ç, n'eſt plus équivoque, parceque c'eſt une autre figure comme içi deça, garçon.

t, Lètre que l'on emploie quelquefois mal-à-propos ſur tout en François pour ſignifier l'articulation s, comme dans la derniere ſilabe de ces mots artiqulation, fonqtion, opozition, au lieu de ſe ſervir de la figure s, comme dans fonqſion ou de deux ss, dont la premiere ſeroit marquée comme non prononcée comme dans opoziſſion ou bien avec la figure ç, laquelle avec ſa petite queüe fait une figure diſtinguée & non équivoque comme dans artiqulaçion, car alors il n'y auroit point d'équivoque, & c'eſt l'équivoque qu'il faut ſur tout éviter en fait d'Ortografe c'eſt-à-dire en fèt de figures deſtinéēs pour ſignifier les motz prononçéz.

Aparemment que cette Ortografe vicieuze, nous eft venüe de la prononçiation vicieuze du Latin *articulatio*, *functio*, *opofitio*; il n'y a perfone qui ne voye qu'il y a une aufli grande abfurdité à fe fervir quelquefois de la confone t, à la place de la confone s, qu'il y en auroit à fe fervir quelquefois de la figure s, pour fignifier l'articulation t.

l, Figure dont on fe fert mal-à-propos dans l'impreffion, à la place de la figure s. 1°. Il ne faut point deux figures quand une fufit. 2°. La figure imprimée reffemble trop à notre confone l, manufcrite, ainfi il faut à cette figure une queue retrouffée.

Letre XX. Confone j, jaj, *qui a pour équivalent* g.

j, Figure pour fignifier l'articulaçion de çes mots, Jēan ou Jan, janbe, je, manjer, &c.

Caractere équivalent.

g, Caractere, dont on fe fert fouvent

vent mal-à-propos à la place de la confone j, fur tout devant les voièles e, é, è, i, grande abfurdité, cela vient de ce qu'il n'y a pas quatre-vintz ans que cète figure j eſt établie en confone parmi nous, & de ce que ce caractere manquoit dans l'Alfabet Latin qui a été d'abord notre unique modèle.

Letre XXI. Confone ch, chach, *qui a pour équivalent* ch.

ch, Figure pour fignifier l'articulāſſion de ces mots chat, chant, champ̄, riche, cherchée, il faut par la jonction des deux figures c, & h, ne faire qu'une feule figure.

Caractere équivalant.

ch, Deux caractéres paſſajérs, équivoques, mais on fauvera l'équivoque en les joignant enfemble & n'en faifant qu'une confone ſinple pour fignifier une articulāſſion ſinple.

Letre XXII. Confone d, dad ou dé;
qui a pour équivalent d, D.

d, Figure, dont on fe fert pour fi-gnifier l'articulaçion de ces mots Dame, danfer, de, gronder.

Equivalent paffajér.

Il y a dans l'écriture manufcrite, une figure dont la queuë eft arondie & qui fignifie la confone d, mais la figure d, eft préférable, 1. parcequ'en formant la figure manufcrite, on repand plus fouvent de l'ancre, 2. parceque la queue arondie anpècheroit fouvant de bien pofer les poincts & les traits fur les confones i, é, è, quand elles précèdent le d, & d'ailleurs ce caractere eft déja tout établi dans l'imprèffion.

D, Caractere de l'Alfabèt Romain.

Letre XXIII. Confone t, tat ou té;
qui a pour équivalent th. T.

t, Figure, dont on fe fert pour fignifier l'articulaçion de ces mots tas, tant, tard, &c.

Caracteres équivalans passajérs.

th. Quelques-uns se servent encore de ces deux consones à la place de la consone t, seule dans les mots Teorie, Teologie & autres, que nous avons emprunté du Grèq, mais cet uzaje est deraizonable en ce qu'il semble induire à croire que dans ces mots thé & té, Théorie & téorie, il y a deux prononçiations diferentes, puisque ces silabes té & thé, sont écrites d'une maniere diferente.

Il ne faut point multiplier les figures sans necessité ni marquer dans notre Ortografe une aspiration, qui n'est point du tout dans notre prononçiation, & qu'inporte d'avertir que certains mots vienent du Grèc, ou de l'Arabe, ou de l'Hebreu? ainsi pourquoi les écrire autrement que les motz ordinaires de la langue?

T. Caractere de l'Alfabèt Romein; nous nous en servons comme de grande lètre capitale.

Letre XXIV. Confone v, vav, *qui a*

pour équivalent u, v.

v. Figure dont on fe fert pour fignifier l'articulaçion de ces mots voir, va, vous, volonté, prévoir.

u. Figure équivoque pour fignifier la confone v.

Il y a une figure dans l'écriture manufcrite un peu diférente de celle-ci, ainfi les Imprimeurs pouroient fe fervir de la figure manufcrite afin de ne pas multiplier les figures fans nécéflité, car cette multiplication augmente la dificulté de lire & d'écrire, & il eft à propos que les letres imprimées ne diferent point des lètres manufcrites, que par être plus égales, mieux ranjées & mieux *forméēƶ*.

Letre XXV. Confone f, faf ou èf, *qui a pour équivalent ph. f. F.*

f, Caractere dont on fe fert pour

signifier l'articulaçion de ces mots, fort, fard, fardeau, fond.

Caracteres équivalens paſſajérs.

ph, Deux caracteres équivoques, dont quelques-uns ſe ſervent encore dans les mots que nous empruntons du Grèq, à la place de la conſone f.

f, Figure, dont on ſe ſert dans l'imprèſſion pour ſignifier la conſone f, mais il eſt à propos de lui doner une queuē, & que le trait ſoit traverſant pour la diſtinguer plus facilement du caractere s, & imprimer f.

F, Caractere de l'Alfabèt Romein.

Letre XXVI. Conſone g, gag ou gué, *qui a pour equivalent* g, G, gu, gu.

g, Figure, ou letre, dont on ſe ſert pour ſignifier l'articulaçion de ces mots garde, gout, guèt, guide, gorje, gueule, on met un trait ſur u, juſqu'à ce que nous ſoions entierement acoutuméz à écrire gerre pour guèrre, gide, pour guide, comme nous écrivons gan, ganter & non pas guant, guanter.

Caracteres équivalants.

g, Figure dont on fe fert fans raizon dans l'impreffion à la place de la figure *g*, la figure *g*, doit être également employée dans l'impreffion comme dans la manufcripfion, afin de ne pas multiplier les lètres fans nécéffité & de faciliter l'écriture, & la lecture par l'uniformité & par la fimplicité.

G. Caractere de l'Alfabèt romain.

gu, Deux lètres équivoques guérir.

Letre XXVII. Confone q, qaq ou qu, *qui a pour équivalent* C. K. Q.

q, Figure dont on fe fert pour fignifier l'articulaçion de ces mots quand, quart pour qand, qart, la voièle u, qui fuit ordinairement cette figure q, ne fe prononce point, auffi eft elle marquée ici comme voièle muète.

Caracteres équivalans paffajérs.

C. Figure dont on fe fert à la place de la figure q, devant les voièles a, o, u, ou, &c. car, colier, curé, cou, que l'on peut écrire par qar, qolier, quré, qou.

K. Figure empruntée de l'Alfabet Grèq fort comune dans *la langue Polonèze* &c.

X. Figure dont on fe fert pour fignifier gz, gs, qz, qs, comme dans ces filabes gza, gfa, qza, qfa; mais comme elle eft équivoque, il vaut mieux s'en paffer & écrire deux lètres fans équivoque que de n'en écrire qu'une qui ne fufit pas pour fauver l'équivoque.

Q. Caractere de l'Alfabèt romein.

Letre XXVIII. Confone h, hah ou ach, *qui a pour équivalent* H.

h, Figure ou caractere dont on fe fert pour fignifier l'articulaçion de çés mots, ha, halebarde honte, Holande.

Nous avons plufieurs mots écrits, dans lefquels nous avons coutume de mètre la letre h, qui ne s'y prononçe point, mais alors il faut furligner cète lètre comme non prononfée; par exemple dans ces mots, home, honeur, heure, bonheur, bienhureux, nos anciens ont continué à écrire cète lètre h, dans le tems qu'ils ne la prononſoient plus & nous avons ſuivi leur mauvais exemple.

Caractere équivalent pàſſajér.

H. Figure de l'Alfabèt romain, dont on ſe ſert comme lètre capitale au commencement du diſcours écrit & des noms propres écrits à la place de la figure h, Horatius.

Letre XXIX. Conſone l, lal ou èl,
qui a pour équivalent L.

l, Figure dont on ſe ſert pour ſignifier l'articulation de ces mots, larje, lard, lanje, long, la, le, lèt, lance.

Caractére paſſajér.

L. Caractere de l'Alfabet romain.

Lètre XXX. Conſone l̦, lal̦, *qui a pour équivalent ill.*

l̦, Figure dont on peut ſe ſervir pour l'articulaçion

l'articulaçion de ces mots, mouillé, moulé, fille file, il n'y a qu'à mètre un point sous la consone, l, mail, mal, bail, bal, al, manjer de lal, alors il n'i aura aucune équivoque.

Nous n'avons point encore de figure sinple propre & particuliere pour signifier cette articulation simple, & ç'a été faute d'en inventer une, que nous avons été obligéz de nous servir de la voièle i, & de deux l, & mème la voièle i, ne se prononce point du tout dans ces mots mouillé, bail, mail.

C'a été de mème sans raizon que nous nous sommes servis de deux l, puisque dans le mot Latin *illa*, la double consone l, signifie une articulaçion double & point du tout l'articulation ill. !.

Nous n'avons pas mème de moien d'exprimer cette articulation sinple !, quand elle comenfe le mot comme dans un grand nombre de mots Espagnols, aparamment mème que l'anciène prononçiaçion du mot Clovis, qui s'est chanjé en Louis & qui s'écrivoit *Clo-*

dovens devoit s'écrire ḷovis ou plutôt ḷodvis, car la lètre d, a toujours été conſervée comme caracteriſtique dans le Latin *Clodoveus*, *Ludovicus*.

Nous n'ozerions comencer par un i, un mot où l'on ne trouve point dans le commanſement le ſon i, ainſi il ne faut point ſe ſervir de la voièle i, en cète ocazion, mais il faut un caractere ſeparé comme ḷ, qui ne difere du caractere l, que par un point au deſſous comme ici biḷe, biḷe, file, fiḷe.

Caractere équivalant paſſajér equivoque.

ill. Trois lètres ſeparées, dont on ſe ſert mal à propos pour ſignifier la conſone ſimple ḷ.

Letre XXXI. Conſone m, mam ou èm,

qui a pour equivalent M.

m, Figure, dont on ſe ſert pour exprimer l'articulaçion de ces mots, ma, mon, moi, mare, mouche, meute, manche.

Caractere équivalent.

M. Caractere de l'Alfabet romain.

Letre XXXII. Confone n, nan ou èn,
qui a pour équivalent N.

n, Figure dont on fe fert pour exprimer l'articulaçion de ces mots, nape nèz, ane, non, nous.

Caracteres équivalens paſſajer̄s.

N. Figure de l'Alfabet romain.

m, Caractere, qui étant precéde d'une voièle & fuivi d'une confone fait quelquefois mal-à-propos la fonction de la figure n, comme dans ces mots prom̄t, tem̄s, imprimér.

Letre XXXIII. Confone gn, gnagn,
qui a pour équivalent gn.

gn, Figure dont on peut fe fervir fans équivoque pour fignifier l'articulaçion de ces mots digne, figne, ligne &c. la jonction de la figure g, avec la figure n, faite par un petit trait montre que ce n'eſt qu'une figure fimple deſtinéē à finifier une articulaçion fimple.

Z ij

Quand la figure *g*, n'eſt point jointe par un trèt, à la figure n, comme dans ce mot Latin *indignatio*, ces deux conſones g & n, ſignifient les deux articulations, auxquelles on les a deſtinées dans l'Alfabèt.

Caractere équivalent.

gn, Deux figures ſéparées, dont on ſe ſert mal-à-propos & avec équivoque pour ſignifier la ſimple articulaçion *gn*, comme dans ce mot Franſois digne, car il n'y a point de marque qui avertiſſe, que cèz deux conſones g & n, ne ſe prononſent pas en Franſoès, de la mème maniere que dans ce mot Latin *digne*.

Letre XXXIV. Conſone r, rar ou èr,

qui a pour équivalent. R.

r, Figure de l'alfabèt, qui ſert à ſignifier l'articulaçion de çès mots, rat, rang, drap, ranjer, retirer, remède, reſte, repondre.

Caractere équivalent paſsager.

R, Figure de l'Alfabèt Romain.

Letre XXXV. Conſone ẋ, ẋaẋ, *qui a pour équivalent en Eſpagnol*, g. j. x.

ẋ, Figure qui peut ſervir à ſignifier l'articulaſſion de certains mots des langues étranjeres, que l'on ne peut prononcer qu'aveq le gozier.

C'eſt à peu près la mème articulaçion de ceux qui font un éfort inutile pour prononçer l'articulaçion r, rar, aparament que par le défaut d'âge ou par le défaut d'organization ils n'ont point dans les muſcles la faculté de former cette articulation.

Les Eſpagnols expriment cète articulaçion ẋ, de trois manieres avec la figures g, avèc la figure j, & avec la figure x, comme dans les mots muger, aranjués, Guadalaxara, car ils n'ont point encor dans leur Alfabèt non plus que nous dans le notre de caractere particulier pour cète articulaçion parti-

culiere, qui fe fait dans le gozier &
que j'exprime par *la* figure *ẋ*, avec
un poinct deſſus.

Si l'on trouve encor d'autres fons
ou d'autres articulations dans les langues, il *f*audra inventer des figures
nouvèles, des lètres nouvèles pour les
èxprimēr, car il *f*aut une figure propre
pour chaque fon & pour chaque articulaſſion ſinple.

Caracteres Italiques ı̀nprimez.

On ſe ſert des caracteres italiques
dans l'impreſſion, pour avertir le Lecteur, de faire plus d'*a*tention à certains
mots qu'à d'autres, ce qui eſt tréz-comode.

Cès caractéres di*f*erent en deux choſes des caracteres ordinaires 1º. Les lètres ou qara*c*teres de l'écriture ordinaire ſont perpendiculaires, & font un
angle droit avec la ligne de la coupe
du papier au lieu que les letres de l'écriture italique font un angle aigu avec
cette ligne de coupe.

2. Les letres de l'écriture italique,

sont un peu plus longues pour leur grosseur que les letres de l'écriture ordinaire, qui sont plus quaréēz.

FIGURE &.

& Figure dont on peut continuer à se servir pour signifier les conjonctions.

FIGURE &c.

&c. Figure dont on peut continuer à se servir, pour signifier dans toutes sortes de langues, ces mots *& cetera*, *& le reste*, *& les autres*; ce n'est ni une consone, ni une voièle, ni une diftongue, mais une figure utile pour abrejér. C'est une figure d'abréviation.

Figure x, équivoque passajére.

x ou X, Figure que l'on ne doit plus metre dans l'Alfabèt regulier pour signifier d'une maniere équivoque qs, qz, gs, gz. nous en avons dit les raizons, nous le conserverons seulement quelque tems dans l'Alfabet passajer de notre langue, comme lètre finale ordinairement muète équivalente, de la confone z, ou de la confone s, comme dans ces mots aux̄, mieux̄, prix̄, maux̄.

On la furlignera lorfqu'elle ne devra point être prononcée.

Elle eft mal placée dans les mots dix, fix, qui devroient s'écrire préfentement dis, fis, parce que la confone s, s'y prononce à la fin.

On la confervera avèc un poinct deffus comme confone gutturale.

OBJECTIONS.

Il faut prézentement répondre aux raizons de ceux̄ qui croient qu'il ne faut jamais toucher à l'Ortografe uzitée, confacrée par l'uzaje & par conféquent qu'il ne faut point fonjér à la pèrfèctioner quelque defectueuze qu'elle foit & qu'èlle puiffe devenir dans la fuite, foit parmi nous, foit parmi les nations voèzines.

OBJECTION I.

On a coutume de marquer le nombre des feuilles d'inpreffion par l'aranjement

ment des letres de l'Alfabèt; or par votre nouvèl aranjement de çèz mèmes lètres vous otèz cette facilité.

REPONSE.

1°. Si j'ote une maniere de compter par a, b, c, d, &c. jusqu'à 24. je done une maniere équivalente de les compter par l'aranjement de l'Alfabèt nouveau jusqu'à trente cinq.

2°. Cette metode de compter avec les letres de l'Alfabèt n'est certainement pas si comode à beaucoup prèz, que la metode des chifres sur tout des chifres Arabes; car souvent en voiant la figure F, ou la figure p. sur une feuille d'impression, la plûpart ne savent pas si c'est là sixiéme ou la setiéme ou la traiziéme ou la quatorziéme feuille, au lieu que si à la place de la figure F, on voioit le nombre six on sauroit tout d'un coup le nombre des feüilles, on m'a dit, qu'il y a déja quelques Imprimeurs qui comencent à suivre l'uzaje des chifres qui est le meilleur.

3°. Je sai bien, qu'il faudroit uzer

quelquefois de chifres d'un *format* plus petit pour marquer quelques pajes de la mème feuille pliée en douze feuillets, mais qu'y a-t'il en cela de dificile?

4°. On peut dire mème que c'est faire plaisir au publiq que de le forçer à se servir d'une metode beaucoup plus comode.

OBJECTION II.

Si l'on suit un jour l'aranjement de votre nouvel Alfabèt, il faudra remetre tous les dictionaires dans un autre ordre Alfabètique dans les éditions suivantes.

REPONSE.

1°. Dans le tems du passaje de l'Ortografe vicieuze, à l'Ortografe reguliere on se servira en mème tems de l'ancien Alfabèt & du nouveau & ce ne sera qu'aprèz que le publiq sera tout acoutumé à l'aranjement de l'*Alfabèt perfectioné*, que l'on comencera à chanjer l'aranjement des articles de chaque dictionaire, mais ce qui se *fait* peu-à-peu, n'est presque pas sensible; toujours est il certain, que çéz chanjemens dans l'aranjement des articles d'un dictionaire, ne se feront pour le publiq, que lorsque le publiq paroîtra les dezirer, & alors ce nouvel aranjement loin de lui déplaire lui plaira.

2°. La seule choze qu'il faudra obferver, c'est de faire toujours les renvois de mots, dont l'Ortografe n'est pas uniforme & marquer le chifre de la page où l'on renvoie ; mais cète atention des Editeurs est déja en uzaje.

3°. Je croi, que dans le nouvel Alfabèt, il sera à propos vis-à-vis chaque caractere de mètre le chifre, qui marque la quantiéme place il tient dans l'Alfabèt.

OBJECTION III.

Dans le siécle du passaje de l'Ortografe vicieuze à l'Ortografe reguliere, il y aura dans les manuscrits & dans les inpriméz, deux sortes d'Ortografe pour les mèmes mots, l'une anciene, à laquelle les Lecteurs feront tous acoutuméz, l'autre nouvèle, qui blessera toujours un peu par sa nouveauté, & qui pis est le Lecteur étranjer ne poura pas distinguer quelle est la meilleure.

REPONSE.

1°. Il y a eu de tout tems, & il y aura toujours grande divèrsité entre les diferentes maniéres d'écrire les mèmes mots, jusqu'à ce que tout le monde soit acoutumé à l'Ortografe reguliere, ainsi ce n'est pas un inconvenient nouveau.

2°. Comme les Fransois savent la prononçiation du mot, & qu'ils sauront aussi que la meilleure Ortografe, doit être un jour celle qui ressemblera le plus à la prononçiation, il ne sera pas dificile au Lecteur François qui conoît la prononçiaçion de décider, que ces deux Ortografes sont bones, l'une parce qu'elle est de l'uzaje le plus ordinaire, l'autre parce qu'elle est de l'uzaje le plus régulier, ainsi on obéira tantôt à la coutume, tantôt à la raizon.

3°. Il est vrai, que les étrangérs, qui

ne fauront la langue, que par les livres feront d'abord embarasséz de cette diversité d'Ortografe, par raport à la prononçiaçion du mot, mais il y en a peu de cette espèce, & c'est un petit mal passajér, qui n'est que pour eux & qui doit leur produire à eux & à leurs succèsseurs dans peu d'anées le précieux avantage de pouvoir un jour conoître la vraie prononçiation des mots, seulement par l'Ortografe, qui sera alors devenuë reguliere.

4°. On n'ajoute rien à l'anbaras où ils sont déja en voiant que notre Ortografe ne suit pas toujours les regles immuables que dicte la raizon ; on travaille au contraire pour eux en montrant aux Imprimeurs à imprimer peu-à-peu aveq une metode qui ne leur laisse aucune équivoque.

OBJECTION IV.

Nous pourions prendre les deux b, les deux p. les deux r, les deux s, pour marquer que la voièle, qui les précède, est brève comme dans le mot Abbé ; or en ôtant un b, un p, un r, un s, vous nous priveriez de cette marque destinée à marquer les brèves.

REPONSE.

1°. Il n'est pas vrai que les deux consones marquent toujours que la voièle qui les précède est brève; par exemple, la voièle a dans les mots *trouvassiés*, *bizarre*, n'est point brève, la voièle ou, dans le mot *mourra* n'est point brève.

2°. Les deux consones sont en Latin une marque, que la voièle, qui les précède, est longue comme dans *Abbas*, or ne seroit-il pas ridicule, que pour marquer les brèves dans la langue Franfèze, nous prissions une des marques, dont les Latins se servent pour marquer les longues dans la langue Latine.

3°. Les voièles brèves sont plus de quatre contre une longue dans le Franſois, j'ai conté les voièles des vint premieres lignes de la vie de Tézée, de la traduction de Dacier, j'en ai trouvé 206. brèves & 44. longues, ainsi il sufira de marquer les longues come au mot Mę̄ts, par un trait fous la voièle ę̄.

OBJECTION V.

Si l'on fuit vos chanjemens infenfibles, il arivera que ceux qui vivront dans cent ans, ne pouront prefque plus lire les livres de l'impreffion d'aujourdui, ce qui feroit une grande perte pour eux.

REPONSE.

1º. Si les ouvrages font bons on les réimprimera plufieurs fois en un fiécle & à chaque édition on trouvera l'Ortografe un peu chanjée; s'ils ne font pas bons, c'eft une petite pèrte; or une petite perte peut-elle être comparée avec un grand *avantage* ?

2º. Ceux qui feront acoutuméz à lire les livres de diferens âges feront tout acoutuméz aux diferentes Ortografes de ces âges à peu prèz, comme nous entendons encore le Franfoè̄s de cent cinquante ans dans les traductions d'Amiot, quoique nous ne parlions plus ce vieux Franfois, c'eft que les Lecteurs auront lu dans diferens livres les mêmes mots ortografièz de diferentes manieres & ils feront tout acoutuméz à lire encore fans péne l'Ortografe anciéne.

OBJECTION VI.

Il faudra la moitié plus de caracteres diférens aux inprimeurs, ce qui eft une dépenfe de plus.

REPONSE.

1°. Il y aura plus de caracteres diferens, mais il y aura moindre nombre dès mèmes caracteres, ainfi la dépenfe ne fera pas plus grande puifqu'enfin ils n'auront à imprimer dans l'une & dans l'autre Ortografe, que le mème nombre de mots, ils y gagneront mème en ce que peu-à-peu l'on retranchera de l'Ortografe, environ une cinquiéme partie des lètres, qui s'écrivent, parce qu'il y en a prézentement dans l'écriture une cinquieme partie qui ne fe prononçe plus.

2°. Comme il y a cent mile fois
moins

moins d'Inprimeurs que de Lecteurs, la pène des uns peut-elle jamais être comparée à la peine des autres ; c'eſt donq optér un mal pour en évitér un cent mile fois plus grand.

3o. Les moiens qui peuvent diminuer les trois quarts du tems & de la peine des Maitres, des enfans, des étranjèrs font-ils donc d'une médiocre importance?

4o. A tout prendre, il y aura un jour beaucoup à gagner pour les Inprimeurs; parceque tout le monde faura l'Ortografe réguliere & qu'elle fera uniforme, ainfi ils feront beaucoup moins de fautes dans l'Ortografe & par confequent dans l'impreſſion, & en fuprimant les lètres muètes ils emploiront un cinquiéme moins de tems, de lètres & de papier.

5o. On conſervera l'art de l'écriture ou des fignes deſtinéz pour faire conoître préciſément les prononçiations ou les mots prononçéz, art infiniment important à la fociété & qui fe trouve déja plus d'à moitié perdu, fi l'on en juge par la suputaçion qui est dans la préfaçe ou je montre qu'an 28 mots, il y a 45 ou 46 équivoques ou fautes d'Ortografe.

OBJECTION VII.

Si l'on suit votre projèt, il faudra reformer nos Alfabèts, il faudra, que durant un certain tems les Inprimeurs prenent garde à imprimer le mème mot de diferentes maniéres pour acoutumer les ieux à la maniere réguliere, il faudra lorsqu'il y a dans le mème mot quatre changemens à faire pour l'écrire régulierement, que l'Inprimeur ne fasse pas ces quatre chanjemens tout à la fois & mème s'il est vint fois dans le livre, il faudra, qu'il ne fasse ce chanjement régulier qu'une ou deux fois ; or tout cela sera difiçile à obtenir des Inprimeurs.

RÉPONSE.

Je conviens, que l'on ne poura d'abord mètre toutes ces petites observations en uzaje, que peu-à-peu, tahtôt l'une, tantôt l'autre; mais peu-à-peu la raizon gagne sur les abus & sur les absurditéz, le bon uzaje gagne sur le mauvais; mon dessein n'est pas de faire ariver les hommes à la perfection de l'Ortografe, mais de leur en faire entreprendre le perfectionement, l'Ortografe se perfectionera toujours; je ne prétens seulement que les mètre dans le chemin de cète perfection, c'est à eux de regler leur marche lente & continuelle selon la raizon.

Je conviens que l'Alfabèt nouveau sera plein de petites observations, qui paroissent des minucies, cependant sans ces minucies l'Ortografe des langues d'Europe & sur tout de la langue Fransoèze, sera toujours pleine d'équivoques dificiles à extirper, & qui pis est la dificulté de lire & d'écrire les mots de notre langue croitra sans cèsse par les chanjemens qui ariveront sans cèsse dans la prononçiaçion; & la plus merveilleuze & la plus utile découverte, qui ait été faite parmi les hommes au lieu de se perfectioner tous les jours parmi des nations policées continuera d'aler sans cesse de mal en pis vers sa coruption & vers son anéantissement, & cela faute de remedier aux négligences de nos ancêtres, faute de regles simples bien demontrées, & faute d'atention à suivre pas-à-pas dans l'Ortografe les chanjemens perpetuèls, qui arivent dans le cours de chaque siécle à la prononçiaçion de plusieurs mots de chaque langue.

Je ferai même faire atançion à une choze qui regarde la *langue Françèze* en particulier, c'est qu'à cauze de la situation de la France & du nombre de ses habitans, elle devient insensiblement une langue necessaire & commune à tous les Européins; or il est juste d'en faciliter la conoissance aux étranjers par les livres, ce qui ne se peut faire si nous ne corijons tous les jours notre Ortografe viçieuze.

A l'égard des Imprimeurs, je ferai en passant quelques observations. 1o. Il seroit à souhaiter pour la plus grande comodité des Lecteurs qu'ils ne pussent

L'ORTOGRAFE. 197

fe fervir fans permiffion particuliere du Magiftrat, de caracteres moins grands que celui qu'ils apelent *gros romain*, dont le caractere i, qui eft la premiere mezure de chaque format, a juftement une ligne de longueur ou la douziéme partie d'un pouce, mezure de Franfe. C'eft le caractere de cète édiçion.

Je conviens que l'on emploiroit environ un dixiéme plus de papier avec le *gros romain* qu'avec les caracteres d'une groffeur ordinaire, & qu'ainfi l'ouvraje qui pouvoit être contenu en 18. feuilles d'impreffion in douze, faite avec un plus petit caractere ne poura être contenu qu'en vint feüilles, ce fera donq deux feuilles de papier & le tirage de plus, ce qui ne va pas à un fou de plus pour l'acheteur, fur un livre de trente-cinq fous pour avoir une belle édition, bien lizible & beaucoup plus comode pour les Lecteurs de tous les âges.

3º. C'eft un profit pour le Libraire & un avantage pour le Lecteur, que l'ouvraje foit plutôt en quatre volumes bien lizibles, qu'en trois volumes d'un caractere moins gros.

4°. Les *f*autes d'impreſſion ſont beaucoup plus rares, dans les impreſſions de *gros romain*, c'eſt qu'elles ſont plus faciles à remarquer aux corecteurs.

5°. Les Lecteurs comprenent plus *f*acilément & plus promtement, ce qu'ils liſent avec plus de *f*acilité.

OBJECTION VIII.

Avec vos regles, vous donerèz à la verité plus de facilité aux enfans & aux étranjers, qui étudient notre *l*angue dans nos livres, mais vous augmenterez prodigieuzement les dificultéz de ceux qui étudieront les Etimolo*g*ies, car dans cent ans ſi l'on ſuit votre projèt il arivera que les Etimologiſtes ne pouront plus qu'avec beaucoup de pène deviner l'Etimologiē de quantité de mots de la *l*angue Francèze.

REPONSE.

1°. Les dictionaires Etimolo*g*iques ſe ſuccèderont toujours les uns autres & ainſi la conoiſſance des Etimologies ſe perpetuera avec une facilité à peu près semblable.

20. Je conviens cependant de la diminution de facilité pour les Etimologistes, mais on fait, que la conoiffance des étimologies eft une conoiffance de pure curiofité, de très-petite utilité pour la fociété, & qu'elle ne regarde que quelques auteurs qui vivront d'ici à cinq cens ans, au lieu que la grande facilité tant pour aprendre à bien lire & à bien prononçer le Franfoès, que pour aprendre à le bien écrire, regarde & ces mêmes favans futurs qui pafferont par l'enfance, & mile milions d'hommes foit Franfoès futurs foit étranjers de tous les ajes & de tous les fexes, qui aprendront à lire, & à écrire le Franfoès & même les autres langues, d'ici à cinq cens ans; or peut-on comparer une perte de facilité pour une conoiffance fi peu utile, qui ne regarde qu'un fi petit nombre d'hommes avèq cette augmentation de facilité à lire & à écrire pour un nombre d'hommes, cent milions de fois plus grand.

30. Le peu de reſſemblance qu'il y a entre notre Ortografe, & notre prononçiaſſion cauze la grande dificulté, que les enfans trouvent à aprendre à lire, & voilà pourquoi leurs Maitres ſont forcéz de comenſer par leur aprendre à lire le Latin, dont l'Ortografe reſſemble fort à la prononçiaçion, excepté la voièle u, qui par exemple dans *Dominus* & dans *Dominum*, ſe prononçe parmi nous trèz-diferament, on leur a doné pour regle, qu'il faut prononſer la lètre qu'ils trouvent écrite, ainſi ils prononſent bien le d, dans *Advocatus*, dans *adjudicare*, dans *adjunctus*, & le b, dans *obmiſſio*, mais ſi en ſuivant la regle ils prononſent le d, dans *Advocat*, dans *adjuger*, dans *adjoint*, & le b, dans *obmiſſion*, on les gronde & très-mal-à-propos de ſuivre la regle.

D'un autre coté, comment veut-on que ceux des étrangers, qui n'aprenent le Franſois que dans les livres, puiſſent jamais aprendre à le bien prononſer, tant que notre Ortografe ſera dans le pitoyable état où elle ſe trouve, nous

nous

nous moquons quelquefois de leur pronònçiacion & nous avons grand tort, n'auroient-ils pas raizon au contraire de fe moquer de la bizarerie & de l'impertinance de notre Ortografe?

4°. Comme les regles & les lètres nouvèles que je propoze sont tèles que les autres naçions peuvent facilement comme je l'ai dit en faire aplication à leur Ortografe, nos voizins peuvent en fe fervant des mêmes principes perfeçtioner l'Ortografe de leur langue en même tems que nous travaillerons à perfeçtioner l'Ortografe de la notre & à leur faciliter la bòne Ortografe, & la bone prononçiacion des mots de leurs langues comme nous leur faciliterons la bone prononçiacion & la bone Ortografe du Franſoèz.

OBJECTION IX.

Vous venéz de votre autorité privée nous doner de nouvelles loix, comme ſi ceux qui écriront, qui imprimeront & qui enſègneront à écrire, devoient y dèférer.

REPONSE.

Je propofe quelques nouveaux moiens, dont chaque Ecrivain, chaqu'Imprimeur peut fe fervir, s'il veut contribuer à rectifier peu-à-peu notre Ortografe & la rendre plus courte, moins équivoque & moins dificile, chacun peut ou fe fervir ou ne fe pas fervir de ces moiens propoféz, je montre un chemin nouveau plus court, plus facile & où l'on fuit le fimple bon fens, le prendra qui voudra, chacun pratiquera de cès moiens propoféz tant & fi peu qu'il lui plaira foit pour fa propre utilité, foit pour l'utilité des autres.

Je ne prétens autre choze que de faire fentir l'autorité de la raifon & le grand avantaje qui reviendroit à la focieté d'une Ortografe trèz-fimple, trèz-facile, & à laquelle les Franfois & les autres peuples de l'Europe chacun pour leur langue maternelle, peuvent ariver en deux ou trois générations par dégrèz prefque infenfibles, il ne s'agit point ici de prefcrire des loix mais de suivre ou de ne pas suivre des conseils, les suit qui veut, mais il est toujours permis, il est même loüable de proposer à ses Concitoyens des projèts utiles à la Naçion.

OBJECTION X.

Pluzieurs Auteurs ont déja tenté sans sucçez la même entreprize.

REPONSE.

1º. Ce n'est pas tout-à-fait sans sucçéz puisqu'ils ont fait recevoir quelques figures nouvèles pour perfectioner notre Alfabèt.

Maigrèt de Lion proposa, dit-on, le caractere j, il y a environ 180. ans &, c'est depuis ce tems-là que dans un grand nombre des mots, nous nous en servons utilement depuis près de quatre-vingtz ans, & peu-à-peu on poura s'acoutumer à emploier le caractere g, uniquement pour signifier une prononçiaçion plus forte que celle du caractere j, on conservera l'un dans le mot garde, on conservera l'autre dans le mot jardin; nous devons en partie au grand Corneille le grand uzaje de la confone v. A l'égard de l'uzaje du caractere è, je l'ai vu naître & j'ai déja dit que j'en dois le premier uzaje à M. l'Abé de Dangeau (Danjo) mon confrere dans l'Academie Franfoèze.

2○. Ces habiles Grammairiens ne nous ont pas indiqué de moiens convenables pour pafser par dégrèz prefque infenfibles de l'Ortografe vicieuze à l'Ortografe reguliere, dans l'efpace de deux où trois générations; ils nous montroient bien une partie de ce qui étoit à defirer, mais ils ne nous montroient pas afféz de moiens praticables pour obtenir un fi grand avantaje.

3°. Entre ces moiens j'ai propozé qu'avec un fimple trait de jonction des mèmes lètres, auxquelles nos ieux étoient déja acoutuméz nous fiffions l'aquifition de huit figures nouvèles fimples, pour fignifier ces huit fons fimples eu, ou, an, en, in, on, un, eun; car enfin ce fimple trait a deux avantages confiderables, le premier c'eft de laiffer au Lecteur les mêmes figures, qui avoient coutume de lui fignifier ces mêmes fons; le fecond, c'eft d'empêcher l'anfant, qui aprend à lire, de tomber dans l'embaras que doit cauzer la fignification des lètres e, u, & des lètres o, u, &c. qui ont par tout ailleurs des fonctions très-diferentes, & l'anbaras que doit cauzer l'uzaje de la confone n, ou de la confone m, dans des ocafions où il n'eft point queftion de marquer aucune articulasion, mais feulement un fon fimple; or le trait de jonction fait ceffer toute équivoque & tout anbaras, en formant de deux figures déja conües une feule figure fimple pour fignifier un fon finple.

4º. Ceux qui ont tenté cette entreprize devoient nous doner le moien de laiffer dans notre écriture diverfes letres, qui ne fe prononçent point fans cependant cauzer au Lecteur aucun doute, aucun embaras; or nous lui oterons tout doute, en metant un trait fur la letre muète, comme une marque certaine que telle letre ne fe prononçe point, comme dans ces mots longue, manque, longueur, mariē, fouciē.

5º. Nous avons déja obfervé, que la fimple longueur ou brèveté d'une filabe dans la prononçiaçion fait deux mots d'une prononçiation & d'une fignificaçion trèz-diférente p̱ate, pate, bète, bḙte; or ils n'avoient point trouvé une marque facile pour marquer cette longueur, qui eft un trait fous la voïèle longue.

Ils n'avoient pas pris la f̱aje précauçion de ceux qui favent fe loger dans une partie du vieux chatē̱a-u en atendant que le nouveau foit entiérement bati, ainfi il n'eft pas étonant qu'ils n'ayent pas eu tout le fucçèz qu'ils auroient pu atendre de leurs bones obfervations.

J'ai mis l'ouvṟaje en meilleur état, il viendra de tems en tems quelques bons obfervateurs après moi qui le perfeçtioneront, & peu-à-peu foit par l'autorité d'une Compagnie apuyée de l'autorité du Majiftrat, foit par le fimple concèrt des Auteurs & des Imprimeurs les plus fenféz, l'Ortografe des langues d'Europe changera peu-à-peu. Elle cessera d'être équivoque & notre posterité la verra dans un état incomparablement meilleur ; èt qui plus est, cète mème posterité aura foin de chanjer l'Ortografe des mots de chaque nacion dans fa langue à mezure que la prononçiacion en aura été entierement chanjée.

OBJECTION XI.

L'uzaje est autant le maître de l'Ortografe des mots dans la langue écrite, qu'il est le maitre de conferver ces mèmes mots dans la langue prononçée, d'en profcrire quelques ançiens & d'en recevoir de nouveaux ; ainsi puisqu'il y a une Ortografe reçue par l'uzaje il faut la conferver dans son entier sans jamais y rien innover.

REPONSE.

10. L'uzaje lui-mème a déja innové & innove tous les jours dans l'Ortografe à l'égard d'une infinité de mots, qui s'ecrivent tout diféramant de ce qu'ils

s'écrivoient il y a cent ans. Il eſt donc certain que cet uzaje avec les mêmes raizons & avec les mêmes principes d'innovation eſt le maitre de faire tous les jours de nouvèles aplications de ces mêmes principes, & de faire par conſequent de nouveaux chanjemens dans notre Ortografe.

2_o. L'uzaje a proſcrit depuis cent ans pluſieurs prononçiaçions ançiénes des çertains mots, il eſt le maitre de proſcrire auſſi pluſieurs manieres ançiénes d'éqrire ces mêmes $\overline{mots}$.

3_o. L'Ortografe a pour premier principe d'être autant que l'uzaje le peut permètre, copiſte fidele & exact des mots prononçe$\overline{z}$, donq ſi l'uzaje chanje la prononçiaçion de quelques mots l'Ortografe du bon uzaje doit les écrire actuellement, comme l'uzaje les prononſe äqtuellement.

4_o. Il eſt évident, que l'uzaje général ou preſque général, ne s'établit & ne chanje que peu-à-peu & par petites parties; mais, comme il ſeroit extravagant de dezirer que l'uzaje général chan$\overline{ge}$$\overline{at}$

gēat tout d'un coup, il ne feroit pas moins extravagant de prétendre que cèt uzaje chanjant fouvent pour les mots & pour la prononçiaçion de cèz mots, il ne dut pourtant jamais changer pour l'Ortografe de cèz mèmes mots.

5o. Comme nos peres ont lontems negligé de fuivre par partie en diferens tems dans leur Ortografe les changemens de la prononfiafsion, il eft à propos de ne proceder aufsi que par parties & en diferens tems aux chanjemens néceffaires pour perfeɔtioner l'Ortografe; & c'eft particulierement cette metode lante mais continuèle, que je me fuis propofé de perfuader a mèz Lecteurs.

6o. Je fai bien, que les hommes peuvent d'eux-mêmes dans chaque Naçion remedier aux défauts, qui fe font glifféz & qui fe gliffent tous les jours dans l'Ortografe de leurs langues; mais il me femble, que fi dans chaque état il y avoit fix ou fept hommes charjéz de la direction de l'Ortografe, & qui ēuſſent quelque autorité fur les Inprimeurs de lav ile capitale, les défauts anciens feroient beaucoup plutôt corigéz & les défauts nouveaux ne subsisteroient pas lontems dans l'Ortografe. C'est peu de choze que les pensions que l'on doneroit à ces six ou sept Inspecteurs, gens de merite d'ailleurs, en comparaizon de l'utilité qui en reviendroit à l'état.

Ce bureau de l'Ortografe auroit atention aux feüilles volantes que l'on distribue dans les rues & sur tout aux Journaux, aux Mercures, aux Heures, aux Almanacs, aux Afiches, aux Gazetes & autres Ouvrajes plus communs que tout le monde lit.

OBJECTION XII.

Si l'étranjér, qui saura la langue, voit en deux endroits le même mot écrit de deux manieres, par exemple ce mot voir, voit, voèr, voèt, il croira que ce sont deux mots diversement prononçéz.

REPONSE.

1°. Cet étranjer est suposé savoir le Fransois; or il est déja acoutumé à lire

& dans les livres & dans les letres manuſcrites le même mot qui eſt prononcé de la même maniere, ortografié ce pendant de deux, de trois manieres diferentes, & cette acoutumance l'empêche de croire, que ce ſoient deux mots diferens.

2°. Puiſqu'il ſait notre langue, il ſait par la place de ces mots, c'eſt-à-dire par ce qui précede, & par ce qui ſuit que ces mots qu'il n'a jamais vus écrits de cette maniere ſont neceſſairement les mêmes mots qu'il a toujours vu écrits juſques là, de telle autre maniere; autrement il ne trouveroit aucun ſens dans la fraze au lieu qu'en ſupoſant, que ce ſont les mêmes mots habilléz pour ainſi dire diverſement, il ne tombe dans aucune équivoque & aprend ſeulement par là qu'il y a une maniere d'écrire les mots voir, voit, par ces mots écrits voèr, voèt, qui ſont beaucoup plus reguliers & qui ne pouvant ſignifier qu'une ſeule prononçiation ne peuvent jamais cauzer aucune équivoque; au lieu que le mot écrit voit, par la premiere inſtitution de la signification des letres devroit signifier naturelement le son vo, & le son it, qui font un mot de deux silabes.

OBJECTION XIII.

Vous voulez oter la lètre y, cependant nous en avons bezoin en certains cas, par exemple dans le subjonctif de certains verbes à la seconde persone du pluriel.

En cas que vous *voyiez*, comment sans cela distinguer ce mot du mot *voyéz* ou *voiez* dans l'indicatif.

REPONSE.

La letre i, est longue dans le subjonctif, ainsi il n'y a qu'à la souligner comme longue, en cas que vous voiez. & mètre le mot voiez à l'indicatif sans trait sous la voièle.

OBJECTION XIV.

Les Lecteurs de bon esprit & qui aiment la raizon adopteront votre plan, mais les autres qui sont éfarouchéz de toute proposition nouvèle n'y souscriront pas.

REPONSE.

Ce que j'ai prétendu par mon travail, c'est que les Lecteurs raizonables aprouvassent le plan & l'éxecutassent chacun de leur coté, & aidassent ainsi à coriger un peu l'uzaje, lentement & par parties insansibles; or l'exemple de ceux-ci qui pensent & qui agissent consequanment, entrainera peu-à-peu ceux qui ne pansent point, & qui n'ont pour regle qu'un uzaje abuzif & qu'ils reconoissent comme abuzif.

OBJECTION XV.

Je conviens de la necessité où vous avéz été pour oter toute équivoque de propofer vos caracteres nouveaux, vos traits dessus pour marquer les lètres qui ne sont point prononcées, & vos traits sous les voièles écrites pour distinguer celles qui sont longues de celles qui sont brèves, mais vous avéz tellement multiplié ces caracteres que cela embarasse le Lecteur.

REPONSE.

1°. J'ai voulu metre tous les Lecteurs en état d'écrire tout ce qui se prononce & sur tout les noms propres sans aucune équivoque, lorsqu'ils le voudront; mais comme les chanjemens, que je propose, doivent être lents ils auront le loizir de s'acoutumer aux uns quand par une longue habitude, ils se feront déja acoutumez aux autres.

2°. Je suis bien éloigné d'imposer la necessité de se servir de tous ces nouveaux caracteres, il y en a plusieurs, dont je ne me servirai jamais moi-mème, parce qu'il faudroit pour cela que je vecusse encore autant que j'ai vecu; mais il faut doner à notre posterité les moiens d'écrire plus régulierement que nous ne pouvons faire, & pour cela il est à propos de leur indiquer les caracteres les plus simples, les plus analogues à ceux auxquels nous sommes acoutumez & les plus faciles à former, ainsi ne blamez point ce qui poura être utile aux autres dans quatre-vint ans, parce qu'il ne peut vous être utile prézentement.

Il ne faut pas blamer celui qui feme des chefnes dont on ne fera aucun uzaje, que dans cent cinquante ans, ceux qui vivront alors feront fort aize de les trouver tout venus, & ils ne les trouveroient pas tels fi les glans n'en avoient pas été feméz lontems auparavant.

Il ne faut pas blamer celui, qui aprèz avoir doné le moien d'éviter les fautes groffiéres dans un art, done encore le moien à ceux, qui aiment la perfection d'éviter encore les plus petites fautes.

OBJECTION XVI.

Plufieurs perfones n'aprouvent pas le trait de jonction dans ces voièles an, on, eu, ou, &c. cela paroît (difent-ils) comme une filabe à demi éfacée & la nouveauté fait que ce trait eſt dezagréable aux yeux, je conviens cependant de la neceffité de trouver une maniere non équivoque d'écrire la derniere filabe du mot Salomon Latin d'une maniere diférente de la derniere filabe du mot Salomon Franſois; je conviens de la neceſſité de trouver une maniere non équivoque d'écrire les ſons ſimples eu & ou, par un caractere ſimple, & non par deux voièles écrites, qui ont & qui doivent *toujours* avoir chacune leur ſignification particuliere, mais n'y a t'il point d'autre moien moins rebutant pour les yeux?

REPONSE.

1°. Dès que vous convenéz qu'il faut nécéſſairement une diférence dans l'écriture lorſqu'il y a diference dans la prononçiation, il faut dans cès exemples quelque choſe de nouveau; or je vous demande ce que vous voudriéz de moins rebutant qu'un trait, qui de deux letres, auxquelles nos yeux ſont déja acoutumez, n'en fait qu'une ſeule lorſqu'il n'en faut qu'une ſeule.

2°. On laiſſe devant les yeux les lètres, auxquelles nos yeux ſont déja tout acoutuméz, il n'i a que le petit trait de nouveau;

nouveau; or vous conviendréz qu'une figure nouvelle de tout point blesseroit bien davantage les yeux que l'adition d'un petit trait.

OBJECTION XVII.

Ce petit trait horizontal sur la voièle ou sur la confone pour marquer qu'elle ne fe prononçe point, eft une marque trèz-fimple; il n'eft pas aizé d'en trouver une plus fimple, plus facile & moins équivoque, je conviens même qu'il faut abfolument une marque pour oter l'équivoque, & qu'une écriture équivoque eft éfectivement très-imparfaite; mais vous m'avouerez auffi d'un autre coté qu'il fera dificile dans l'écriture manuèlle de s'acoutumer à çes petits traits horifontaux, èt que ces petites furlignes défigureront fort l'écriture, foit dans les manufcrits, foit dans les inpriméz; j'en dis autant des petits traits horizontaux que vous demandéz fous les voièles pour marquer qu'elles font longues; je conviens de la neceffité d'une marque, mais convenéz auffi de la peine que cela fe-

Ee

ra & à celui qui écrira & à celui qui lira.

REPONSE.

1o. Vous convenéz de la neceffité d'oter les équivoques & par confequent de la neceffité de quelque marque fimple & facile; vous convenez que vous n'en trouvéz point de plus fimple, acordéz-vous donq avec vous-mème.

2o. Je conviens & je l'ai déja dit plufieurs fois qu'il ne faut pas que celui qui écrit marque prezentemant en écrivant toutes les lètres qui ne fe prononçent point il feroit une grande faute, il faut, qu'il n'en marque au plus que la dixiéme partie les premieres anées, mais qu'il en marque une fur dix au plus, afin d'y acoutumer peu-à-peu les ieux du Lecteur & quand le Lecteur i fera acoutumé il en marquera, s'il veut, encore davantage.

J'en dis autant des marques pour les voièles longues, il n'en marquera au plus que la fixiéme partie dans les premieres anées, fi je dis la fixiéme partie c'eſt que ces marques ſont quatre fois plus rares que les marques pour les lètres non prononcées; mais toujours il eſt à propos que le Lecteur comenſe à s'acoutumer à voir quelquefois ces marques, il eſt à propos que l'Ecrivain les forme quelquefois, & que l'Imprimeur, commenſe à les emploier.

3º. Dès que le Lecteur ſera acoutumé à voir ces marques & à les voir comme nècéſſaires, il ne trouvera plus qu'elles défigurent l'écriture, & cète habitude, fera que dans la ſuite, il trouvera l'écriture ſans ſurlignes & ſans ſoulignes trèz-mauvaize & très-defigurée; la coutume gouverne encore plus les homes que l'opinion & ſi les opinions les gouvernent ce ſont les plus anciénes & auxquelles ils ſont le plus acoutumez qui gouvernent le plus abſolument : l'homme n'eſt qu'un compozé d'habitudes.

OBJECTION XVIII.

Ce petit trait, qui lie deux lètres pour n'en faire qu'une, comme ici eu, ou, on, eſt très-bien imaginé pour faire évanoüir les équivoques, qui font éfectivement dans l'écriture d'aujourdui, & je conviens qu'il feroit à fouhaiter qu'il y eut quelque marque pour faire éviter aux enfans & aux étrangers ces fortes d'équivoques, mais il *f*aut, que vous m'avoüiéz auffi que ce trèt quelque petit qu'il foit defigurera étranjement l'écriture.

REPONSE.

1°. Il n'eft queftion ici que d'acoutumer les yeux à une figure un peu di*f*erente; or vous convenéz d'un coté qu'il faut abfolument oter l'équivoque pour les enfans, pour les étrangers, & que l'équivoque eft pour tout le monde dans les noms propres; d'un autre coté vous convenéz que pour oter l'équivoque, il faut une marque & par confequent une di*f*erence dans la figure; or pouvéz-vous trouver une di*f*erence plus fimple, plus *f*acile que ce trait de liaizon?

2°. Je conviens donq, que par ce trèt la voièle écrite fera un peu defigurée, & il faut qu'elle le foit pour ceffer d'être équivoque, mais elle ne fera pas si étrangement defigurée qu'elle ne soit plus reconoissable.

3º. Je demande de mème que l'on ne prézente pas d'abord & tout d'un coup aux yeux du Lecteur, toutes ces voièles écrites avec des liaisons; que de quinze ou vint, on en mète une avec son trait de liaison. Je ne disconviens pas mème que le Lecteur sentira quelque peine d'abord à en voir de cette espèce, mais pène très-petite & d'autant plus petite qu'il en sentira l'utilité, & mème la necessité. Les j & les v, nous sont cauzé une petite peine, mais nous y avons été bientôt acoutumez & nous trouvons que la peine est fort legere en comparaison de l'utilité.

4º. Il faut observer sur tout dans les comensemens que dans une même ligne il n'i ait au plus qu'un chanjement du vicieux en régulier.

5º. Vous ne sauriéz imaginer un caractere nouveau qu'il soit plus facile de retenir & dont il soit plus aizé de deviner la signification; or cela est decisif.

OBJECTION XIX.

L'uzaje de la prononçiaçion nous aprend qu'elles font les voièles longues, ainfi nous n'avons pas bezoin de fouligner ces voièles.

REPONSE.

1º. C'eft cet uzaje que les étranjers n'ont pas & c'eft-ce mème uzaje qu'ils fouhaitent d'aprendre en lizant nos ouvrages.

2º. Les Franfois eux-mèmes ont bezoin dans les noms propres étrangers de conoître dans ces noms écrits quelles filabes font longues.

3º. Il y a mème beaucoup des Provinfiaux qui prononçent brèf ce qui eft long, & long ce qui eft brèf faute de conoître par les livres qu'elles font les voièles longues.

OBJECTION XX.

Vous ne propoféz point de caracteres pour écrire certaines prononçiations compofées de deux voièles prononcées

avec vitesse qui ne font qu'une silabe &
qu'on apele diftongues.

REPONSE.

1°. Les Auteurs & les Imprimeurs Franſois ou étrangers qui voudront contribuer a perfectioner l'Ortografe de leur langue inventeront s'ils veulent dans cent ans des marques pour les diftongues, mais quant à prézent je croi à propos de n'y point toucher.

OBJECTION XXI.

Votre ouvraje eſt trop *aprofondi*; vous l'avéz pouſſé trop loin; vous embraſſèz toutes les lan*g*ues, il faloit vous borner à la lan*g*ue Franſoize; vous prouvéz bien la neceſſité de faire des chanjemens, mais ce grand nombre de chanjemens à faire épouvante le Lecteur; il eſt vr*ai*, que pour le raſſurer vous dites, que tous ces chanjemens ne ſe feront que peu-à-peu, que ſouvent dans une pa*g*e, il n'en verra pas trois quoiqu'il put y en avoir trois cens à *f*aire; vous avéz beau lui dire, que l'on ne verra jamais enfemble un grand nombre de chanjemens rebutans, parceque l'on fe fera acoutumé aux premiers avant que d'en voir de nouveaux; qu'il faudra plus de cent ans avant que les Lecteurs foient tous entierement acoutuméz à tous les changemens neceffaires; tout cela ne raffure point le Lecteur, tout cela ne l'empêche pas d'être épouvanté de ce prodigieux nombre de chanjemens futurs. Si vous ne lui aviéz demandé que peu, il vous l'auroit acordé, vous lui demandéz trop, il ne vous acordera rien.

REPONSE.

Je ne demande que peu & très-peu à chacun de ceux qui dezirent de remedier à notre Ortografe viçieuze, & je ne demande rien aux autres; or fi peu que chacun d'eux m'acordent le tout enfemble ne laiffera pas de faire beaucoup pour changer peu-à-peu partie de l'uzage, parce que de deux cens Auteurs qui imprimeront chacun avec quelque chanjement, il en arivera deux cens chanjemens,

jemens, auxquels les Lecteurs & les Auteurs mème, qui font Lecteurs, s'acoutumeront & dans moins de fix ans; l'habitude à voir partie de ces changemens, fera qu'on les verra deformais fans aucune peine, & nous ferons dans cinq ou fix ans tout acoutumez à voir fans peine deux ou trois mille mots écrits de deux manieres diferentes, l'une vicieuze anciéne, l'autre nouvèle & réguliere.

AVERTISSEMENT.

SI quelque étranjer veut faire dans fa langue un ouvrage fur la mème matière, il peut fe fervir de celui-ci pour en prendre lèz regles & lèz raizons, il n'aura gueres qu'à fubftituer dèz mots de fa langue à ceux de la miéne, & il poura ainfi randre à fa Nation un fervice confiderable en donant lèz regles pour perfectioner peu-à-peu l'Ortografe de fa langue, & ce perfectionement de l'Ortografe pafferoit ainfi infenfiblement dans toutes léz langues.

ADITIONS.

On m'a fait obferver, que la derniere filabe du mot apartient celle du mot chatient celle du mot aprétient celle du mot patient s'écrivent précizément de la mème maniere & devroient parconfequent fignifier le mème fon articulé dans çéz quatre mots fi l'on fuivoit la regle dictée par le bon fens.

Cependant il nous eft ordoné par notre Ortografe favante de nous fervir de la filabe écrite *tient,* du mème affemblaje de voièles & de confones pour fignifier quatre fons articuléz trèz-diférens.

Comment veut-on aprandre aux enfans & aux étranjers à écrire régulierement quatre filabes articulées trèz-diferanment en fe fervant dèz mèmes lètres, du mème nombre de lètres & du mème aranjement?

Or avec l'Ortografe reguliere, il feroit facile de leur aprendre à lèz écrire régulierement.

*a*partient
chatient
*a*précient
paçiant.

Si chaque Lecteur dans féz écritures journalieres & chaque Imprimeur dans fes impreffions veulent mètre en pratique quelques-unes de çes obfervations il arivera, que notre Ortografe ceffera d'aler tous les jours en anpirant & que peu-à peu elle fe rectifiera au grand avantaje des enfans, qui ont à aprendre à lire leur langue & au grand plaizir dès étranjers, qui veulent aprendre par une écriture reguliere à prononfer régulierement les langues écrites, & c'eft l'utilité que je me fuis propofé de procurer aux Nations d'Europe en général & à ma patrie en particulier.

Peut-être qu'au lieu de fondre dèz caracteres il fufira de faire graver l'Alfabet fur une planche.

L'Inprimeur, qui dans fon livre adoptera deux ou trois chanjemens de cet

Alfabet, par exemple lèz furlignes des lètres muètes ou les foulignes des voièles longues en fera mention dans un avertiffement.

Si dans un autre livre il adopte quelques autres chanjemens, il en fera de même mention, mais toujours par dégréz peu fenfibles, afin que le Lecteur foit acoutumé aux anciens avant qu'il en rencontre de nouveaux.

Il faut même obferver de prefenter au Lecteur lès changemens lès plus petits & par confequent les plus faciles avant que de lui préfanter les plus grands & auxquels il aura plus de dificulté à acoutumer fes yeux.

Chanjemens faciles.

1º. Oter la double lètre inutile dans les mots *lètre, attirer, apprandre, oppofer, arreter, honneur, ammeublement, gille, alla,* & autres femblables.

2º. Oter la lètre s, de plufieurs mots où elle ne fe prononce point comme dans ces mots oster, estre, arester, paste, &c.

3º. S'acoutumer à bien marquer de son accent la voièle è, où peu de gens sont encore acoutuméz, comme dans çèz mots, efèt, efèts, mèt, mèts, &c.

4º. Oter les th. & leur substituer de simples t, comme dans ces mots Téorie, Téologie, teriaque, Tomas.

5º. Oter les ph. & leur substituer les f, comme dans ces mots fizique, Filosofe, Filosofie, Fanatique, fantome.

6o. Mètre la consone z, dans les mots où l'on fait servir pour elle la consone s, comme dans ces mots, opozer, expozer, Cézar.

7º. Marquer les voièles longues.

8º. Marquer quelques lètres non prononséēs.

Céz chanjemens peuvent se faire tout à la fois & dans tous lèz mots sans que persone en soit fort blessé, parce que tous lez Lecteurs y seront bientôt acoutuméz.

Chanjemens moins faciles.

1º. Oter cète lètre y comme inutile, on peut mètre la lètre i, à sa place, mais il ne faut en oter qu'environ la moitié dans léz dix premieres anées, *ieux* pour *yeux Roi* pour *Roy*.

2°. Mètre la confone j, dans une partie dèz mots où elle eſt remplacée mal-à-propos par la confone g, comme dans çes mots jermer, jermain, jénéral, elle eſt déja dans çéz mots, jeter, jeton.

3°. Mètre quelquefois, mais rarement la confone j, devant la voièle i, dans les mots où l'on fait fervir pour elle la confone g. comme dans çés mots, giles, pour jiles, gibeciere pour jibeciere on écrit déja uniformément j'irai, j'imagine, j'i penfe, il faut acoutumer les ieux lentement au régulier, quand ce regulier eſt un peu plus choquant comme il l'eſt dans le mot de jiles & encore plus ſi on l'écrivoit tout à fait régulierement en écrivant jile comme jule: telle eſt la force de l'habitude viçieuze, elle fait paroître la raizon elle-mème comme vice.

4o. Mètre quelquefois la confone z, finale à la place de la confone s finale & à la place de la confone x, fiñale. comme dans çéz mots deuz pour deux, mieuz pour mieux, veritéz, marchéz pour verités, marchés.

50. Se fervir quelquefois dèz nouvèles lètres foit voièles foit confones, par exemple on, ou, ch, gn, l.

L'Ecrivain qui fentira léz chanjemens, qui ofenferont plus ou moins, poura faire précèder léz moins ofenfans & plus fouvent, & faire fuivre léz plus ofenfans & plus rarement, de forte que lèz plus faciles & lez moins ofenfans amenent infenfiblement ceux qui fans cète atention paroîtroient trop ofenfans.

Maitres à lire.

Il y auroit auffi plufieurs obfervations à faire à l'égard dèz Maitres à lire, mais je m'arète à une feule. C'eft qu'en mème-tems qu'ils aprénent à lire l'Ortografe vicieuze plus comune ils apriffent auffi à lire l'Ortografe reguliere moins comune.

Maitres à écrire.

Il n'eft pas étonnant, que fi peu de

gens fachent bien écrire, parce que ceux qui enfeignent à écrire, enfeignent fouvent à faire des fautes.

1°. Il feroit à fouhaiter, qu'il n'y eut qu'une bone façon de former une mème lètre, & il y en a d'afféz fots pour enfégner à former une mème letre de trois ou quatre façons diferentes.

2°. Il feroit à fouhaiter que léz lètres inprimées fuffent toutes bien formées, que l'a fut comme dans le manufcrit, que t, fut plus diferent de r, & qu'il n'y eut qu'une forte de s, &c. & que lèz Maitres vizaffent à former leurs letres femblables aux lètres inprimées; car plus il y auroit d'uniformité dàns toutes lèz écritures, & dans léz caracteres, plus il y aura de facilité à lire.

3°. Moins il ì a de liaizons dans une écriture, lorfque d'ailleurs elle eft bien formée plus elle eft fimple, plus elle eft facile à lire, lez liaifons font déz négligences dèz Ecrivains, qui écrivent trop vite & qui en écrivant trop vite

vite font dèz traits qui chanjent la figure des lètres & qui rendent par conſequent l'écriture moins facile à lire, ce font dèz ornemens deplacéz, qui font un tréz-mauvais efèt, & cependant il y a dèz maitres à écrire afféz finples pour croire que çéz liaizons font des ornemens defirables dans l'écriture, au lieu que éfectivement elles ne font naître que déz équivoques & dez doutes pour le Lecteur.

40. Nous n'avons rien de plus important que de former nos n, de maniere qu'on ne les préne pas pour des u, & nos u de maniere qu'on ne les puiſſe pas prendre pour des n, & fur tout quand il s'agit d'écrire un nom propre de ville, de famille, d'animaux, de plantes étrangeres &c. or eût-on jamais penfé qu'il fe fût trouvé déz maitres à écrire qui éfectivement ont enfeigné à former un caractere qui ne fut ni un n, ni un u, en ne metant la liaizon ni au-deſſus des deux jambes de la lètre n, ni au-deſſous deux jambes de la lètre u, ils enfeignoient dans l'anciene écriture Fi-

Gg

nanciére à mètre cète liaizon déz deux jambes préçizémént en diagonale.

5°. Former lèz lètres égales en longueur & en largeur comme dans l'inprimé, l'inégalité déplait.

6°. Former bien chaque lètre l'écriture en eſt bien plus lizible.

7°. Eviter lez trop longues queües, il ſufit que la queüe ſoit égale au corps de la lètre, léz longues queuēs font évanoüir le blanc qui doit reſter entre lèz lignes.

8°. Que la lètre ſoit quarée, mais plûtôt plus longue que large.

9°. Que les lignes ſoient également diſtantes, l'inégalité de diſtance fait un efèt dézagréable.

ABREJÉ DE L'ORTOGRAFE RÉGULIERE.

AVERTISSEMENT.

Cet Abrejé est destiné pour mètre au comencement ou à la fin dez livres Franſois, dans lesquels l'Imprimeur emploira de nouvelles lètres, le Lecteur y aura recours comme à un dictionaire, en cas qu'il cherche leur ſignification.

LA nouvelle metode conſiſte en ſix points principaux.

1º. Le trait de liaizon, qui avertit que deux lètres n'en font qu'une.

2º. La diferance de l'accent ſur é, & de l'accent ſur è.

3º. Le trait horizontal ſous les voièles longues.

4º. Le trait horizontal ſur lez lètres qui ne ſe prononſent point.

5º. Les nouvèles voièles écrites.

6º. Lèz nouvèles conſones écrites.

Regles perpetuéles.

1º. Il faut que léz caracteres écrits signifient si préçizément la prononçiaçion du mot qu'il n'y ait jamais aucune équivoque ni aucun sujet de douter ni pour le Lecteur sur la maniere de prononser avec exactitude ce qui est écrit, ni pour l'Ecrivain sur la maniere d'écrire avec exactitude ce qui est prononçé.

2º. Il ne faut jamais écrire préçizément de la mème maniére, mais toujours avec quelque diference deux mots qui ont quelque choze de diferent dans la prononçiaçion.

3º. Pour signifier un son simple, il faut une figure simple apèlée voièle, & s'il se peut il n'en faut qu'une de mème pour signifier une articulaçion simple il faut une figure simple apelée consone, une sufit.

4º. Il ne faut point mètre dans l'écriture de voièle ni de consone qui ne se prononse point, ou si pour quélque raizon on se croit oblijé d'en mètre, il faut par un trait horizontal au-deſſus marquer qu'elle ne ſe prononçe point, & cète regle obligera léz Imprimeurs à avoir beaucoup de çéz lètres muètes quand ils imprimeront en Franſois & en Anglois.

5º. Il ne faut jamais emploier ni une voièle écrite pour une autre voièle écrite, ni une conſone écrite pour une autre conſone écrite, & encore moins une voièle ni une lètre pour marquer que la ſilabe eſt longue.

6º. Pour marquer qu'une voièle eſt longue dans la prononçiaçion, il faut mètre dans l'écriture une petite ligne horizontale deſſous.

Regles paſſajeres.

1º. Il faut écrire & ſur tout imprimer le mème mot, tantôt ſelon l'Ortografe acoutumée & vicieuze, tantôt ſelon l'Ortografe nouvèle & réguliere juſqu'à ce que léz Lecteurs ſoient tout acoutuméz à l'Ortografe réguliere.

2º. On poura ſe ſervir de la figure ç, pour la conſone s, parceque la ſedille jointe au caraçtere ç, fait une figure diferente du c, comme içi dans les mots çès, içi, çe.

ALFABET

Voièles.

1 a, a long.
2 an, an long.
3 e, e long.
4 é, é long.
5 en, en long.
6 è, è long.
7 i, i long.
8 in, in long.
9 o, o long.
10 on, on long.
11 u, u long.
12 un, un long.
13 eu, eu long.
14 eun, eun long.
15 ou, ou long.

Conſones.

16 b, ƀ non prononcé ou muèt.
17 p, p̄ muèt.

18 z, z̄ muèt ou non prononçé.
19 s, s̄ muèt, ç équivalent.
20 j.
21 ch.
22 d, đ non prononſé.
23 t, t̄ muèt ou non prononſé.
24 v.
25 *f*, *f̄* muèt ou non prononſé.
26 g, ḡ muèt.
27 q, c, k, équivalent.
28 h, ħ muèt.
29 l, l̄ muet.
30 ḷ, brilant.
31 m, m̄ non prononçé ou muèt.
32 n, n̄ muèt ou non prononçé.
33 *gn*,
34 r, r̄ muèt.
35 ẋ, conſone gutturale.

CONCLUZION.

Ce n'a pas été ſans quelque peine & mème ſans quelque dégout que j'ai mis cet ouvraje en l'état où il eſt, quoique peut-être encore aſſez imparfait; mais j'ai conſideré que peu de gens un peu habiles se rezoudroient à travailler avec constance sur une matiere si méprizée par le gros dez Lecteurs, si dificile à bien traiter, & cependant si inportante dans le fond au bonheur des enfans & à l'honeur de la naçion; ainsi d'un coté l'utilité de mes Concitoyens, & de l'autre la dificulté m'ont soutenu dans mon entreprize; j'ai fait le plus dificile, ainsi j'ai lieu d'esperer que j'aurai des Successeurs dans les siécles suivans qui travailleront sur ce sujèt, avèc plus de facilité & cependant avec plus de succèz que je n'ai fait.

Le Ministre, qui dans chaque état a l'Imprimerie dans son departement doit avoir soin non-seulement d'empêcher que l'Ortografe, cet art si important à la société, ne continue à se corompre de plus en plus tous lèz jours, il doit au contraire avoir soin de le conduire lantement & par dégréz, presque insensibles vers une plus grande pèrfèction.

Cela suposé il feroit à propos que dans l'Academie destinée à perfectioner la langue du péïs on choizit par Scrutin

tin fix ou fept Academiciens pour rec‑
tifier les regles de ce mémoire, pour
former à l'égard dèz Imprimeurs quel‑
ques ftatuts détailléz fur cète matiére,
& pour veiller à les faire obférver.

Avec l'autorité d'un pareil Magiftrat,
avec la vigilance de pareils obferva‑
teurs nous pouvons efperer qu'en moins
de deux regnes nos Succeſſeurs vèront
non feulement dans notre langue, mais
encore dans les langues de nos voizins
un chanjemant fi dezirable, qui augmen‑
teroit infiniment pour lèz enfans & pour
léz étrangers la facilité de bien pronon‑
çer ce qui fera écrit & de bien écrire
ce qui fera prononfé; or ne feroit‑ce
pas rendre un fervice confidérable au
publiq?

Sur l'uzage dèz mots nouveaux & dès frazes nouvèles pour perfectioner léz langues.

IL y a trois moyens principaux propres a perfectioner une langue.

1o Multiplier léz mots èt léz frazes à proportion de la multiplication déz idées & déz sentimens que l'on veut exprimer.

2o. Rendre lèz expressions si claires que tout le monde lèz antende facilement, & que persone ne puisse par l'effèt déz équivoques prendre un autre sens que le sens de celui qui écrit ou qui parle.

3o. Abreger le discours prononcé & le discours écrit le plus qu'il est possible sans tonber ni dans l'obscurité ni dans l'équivoque je ne parle içi que du premier moien & encore je ne parle gueres que déz mots nouveaux, parce que lèz regles pour dezaprouver, pour tolerer & pour aprouver certains mots nouveaux peuvent être apliquées aux frazes nouvelles qui doivent être ou aprouvées ou fimplement-tolerées.

Il eft certain, que léz conoiſſances humaines dans léz fiances & dans léz arts vont tous léz jours en croiſſant tant par le fecours de la converfation & dèz conférences que par le fecours de la lecture. Le progrèz en fera trèz-fenfible fi l'on veut comparer deux ouvrajes fur la même matiére faits a cent ans de diftance dans un péïs où la guèrre n'aura point intèronpu le cours dèz fienfes.

Or pour exprimer ou dèz inftrumens nouveaux ou la combinaizon nouvelle de certaines idées ou dez raports nouveaux ou déz alluzions nouvèles ou pour diftinguer tantôt nos idées, tantôt léz dégréz diferens de nos fentimens avec plus de précizion & même pour abrégér notre difcours nous avons fouvent bezoin non feulement de termes nouveaux, mais encore de frazes & d'expreffions nouvèles; car c'eft un avantaje d'une langue de pouvoir avèc

H h ij

un feul mot éviter un long amas de mots.

Ceux qui font acoutuméz à écrire, à peindre leurs penfées s'apercoivent tous léz jours dèz-dificultéz qu'ils ont a exprimer & à peindre précizément ce qu'ils penfent. Une dez cauzes de çéz dificultéz c'eft que mème pour déz penfées afféz comunes, il n'i à pas encore d'expreffions afféz juftes & afféz précizes qui foient en uzaje dans leur langue, & de la naiffent léz difputes de mots faute de fe bien entendre lèz uns lèz autres; nous fentons mème fouvent, qu'il s'en faut beaucoup que nos expreffions n'ateignent nos penfées.

On m'a reproché la liberté que je prens quelquefois de me fervir de mots qui ne font point encore en uzaje; ce reproche n'eft pas fans fondement & ma conduite n'eft pour tant pas fans raizon.

Quand je prens la liberté d'uzer d'un tèrme qui n'eft pas en uzaje, ce n'eft point du tout par la fote vanité d'un

Grammairien de nos jours qui fe vantoit ridiculement d'avoir fait un mot; lèz Courtizans & lez Dames dans la converfation, lèz artizans dans chaque art, lèz enfans, lèz écoliers, lèz matelots, lèz chaffeurs, lèz favans dans chaque fience fabriquent de tems en tems dèz mots nouveaux & même dèz frazes nouvelles, perfone n'eft affez ridicule pour s'en vanter.

De çéz mots nouveaux lèz uns s'adoptent par l'uzaje foit comme neceffaires foit comme comodes pour abreger & quelques autres tombent ou comme inutiles ou comme malfabriquéz, mais tout le monde en forme; il eft permis à chacun d'en former pour fe faire entandre, & fi j'uze d'une liberté comune à tout le monde, fi je fais quelquefois felon le bezoin quelques mots nouveaux chacun eft libre de s'en fervir où de ne s'en pas fervir dans lèz mêmes ocazions.

Un écolier a fait poliffon, un autre a fait poliffoner, mots, dont, l'on ne fauroit doner l'équivalent fans beaucoup d'autres mots; çéz fabricateurs, fi on lez conoiſſoit auroient autant de raizon de ſe vanter que le Grammairien, mais cela n'en vaut pas la peine, ils n'ont fait qu'uzer de la liberté que l'on a de chercher à ſe faire entendre en abrejeant le langaje.

Ce qui ſeroit contre la libèrté comune, ce ſeroit ſi le fabricateur d'un mot nouveau prétandoit que lèz autres doivent l'adopter; car l'adoption de ceux qui le lizent ou qui l'entendent prononſer pour la premiere fois doit être auſſi libre que l'uzaje nouveau qu'en fait celui qui le propoſe.

Lez mots nouveaux, lèz frazes nouvelles paſſent ordinairement de la converſation ou l'uzaje lèz a reçus dans l'impreſſion où ils ſont tous nouveaux & cela ſelon les divers ſtiles dèz livres; mais pourquoi en certaines ocazions ne paſſeroient ils pas *recta* dans lèz livres lorſqu'ils ont lèz cinq conditions ſuivantes?

1o. Lorſqu'un tèrme eſt nécéſſaire pour faire entendre ſa penſée, & ſur tout dans lez arts & dans lèz fiences.

2º. Lorſqu'il eſt comode pour abréger le diſcours.

3º. Lorſque le terme inuzité eſt trèz-facile à antendre tant parce qui précede que par ce qui ſuit.

4º. Lorſqu'il eſt dans l'analogie de la langue ſoit pour la formation ſoit pour la terminaizon.

5º. On peut mème obſerver dans l'impreſſion de metre ce mot en caractere italique, afin d'avertir le lecteur, que l'auteur ne le done pas comme adopté par l'uzaje, mais comme *adoptable*.

En ſuivant çéz regles, en obſervant çéz conditions notre langue d'un coté s'enrichira & s'abregera & de l'autre on évitera toujours ce que l'on apele jargon, dans lequel on ne trouve ni bon uzaje établi, ni regle, ni *facilité*, ni comodité, ni neceſſité, ni analogie.

Pour lèz frazes nouvèles on ne m'en reproche aucune ; mais j'avoue que j'en ferois, ſi j'en avois bezoin ſoit pour faire entendre quelque idée nouvèle ou mème quelque idée comune d'une maniere nouvèle, qui fut plus vive & plus abregée, soit pour exprimer quelque dégré de sentiment, qui n'a point encore d'expression propre soit pour faire quelque alluzion agréable, juste & propre à faire mieux sentir la verité ou l'importance d'une propozition.

Je sai bien, qu'il i a de bons auteurs qui ont fait de mauvaizes frazes, c'est-à-dire dèz frazes, qui ne sont ni justes ni faciles à entendre, & quelques autres qui au lieu d'expressions simples que demande le sujèt, prézentent au lecteur dèz expressions afectées dans lesquelles ce qu'il y a d'esprit se trouvant tout à fait deplacé on est blessé de l'afectation.

Mais je vois avec peine, que lèz critiques outréz condanent indistinctement lèz frazes nouvèles soit bones, soit mauvaizes, soit celles qu'on doit rejeter, soit celles qu'on devroit adopter, il leur sufit, que l'auteur ait tenté de s'exprimer avèc plus de délicatesse, avèc plus de grace ou avèc plus de justèsse que

que fez pareils pour le condaner d'avoir eu trop d'envie de plaire à fez lecteurs par fez expreſſions ; ce n'eſt pas l'envie de leur plaire, qui eſt blamable, il en faut donq revenir à juger ſi l'expreſſion condanée à plu réellement ou ſi elle a du plaire.

Tel Auteur cherche la réputation de faire plus de plaizir à fez Lecteurs que lèz autres Auteurs ; il lui en coute beaucoup d'aplication & de recherches pour plaire davantage ; s'il arive à ſon but, s'il leur fait plus de plaizir, çéz Lecteurs auroient-ils bone grace de lui reprocher lèz éforts qu'il fait pour leur plaire & pour obtenir leur aprobation ? n'eſt-il pas juſte au contraire, n'eſt-il pas de l'interêt publiq de loüer ceux de leurs éforts, qui ont réuſſi & d'avoir de l'indulgence pour léz tentatives qui ne réuſſiſſent pas ? n'eſt-ce pas le moien de l'encourajer a continuer féz éforts ?

Mais revenons à examiner s'il n'eſt pas à ſouhaiter, que chaque langue s'enrichiſſe tous lèz jours de nouvèles expreſſions plus courtes, plus précizes ;

plus significatives, tantôt plus générales & tantôt plus particuliéres & toujours plus propres à exprimer plus nètement nos pensées ; & que seroit-ce que notre langue si nous n'avions aujourdui que lèz termes qui étoient uzitéz il y a trois cens ans dans lèz livres & dans la conversation ?

Le dictionaire de Nicod parut il y a environ cent cinquante ans, c'étoit le plus ample & le plus parfait de son tems ; il comprend non-seulement lez termes de l'uzaje comun de la conversation, de la chaire, dèz spéctacles & du Bareau, mais encore lèz termes dèz arts & dèz siences ; or comparéz le avec le dictionaire de Trevoux, qui a suivi sajement le mème plan de metre en un mème dictionaire géneralement tous lèz mots Fransois tant ceux de l'uzaje comun que ceux dez arts & dèz siences ; examinéz en quelques pages & vous trouverèz qu'en cent cinquante ans la langue est devenue au moins trois fois plus riche qu'elle n'étoit en nombre de mots fans compter qu'elle s'eft auffi enrichie en nombre de frazes : le dictionaire de Nicod n'eft pas la fixiéme partie du dictionaire de Trevoux inprimé en 1721. en cinq volumes, dont chaque volume a plus de 1900. pages.

J'ai eu la curiofité de compter léz mots depuis le mot Beanr jufqu'au mot Bezole poiffon de Geneve & au mot Bezoard, j'en ai trouvé environ cent dix dans Nicod & prez de trois cens trente dans le dictionaire de Trevoux; voilà une preuve du nombre prodigieux de mots qui étoient alors inuzitéz, & qui fe font établis depuis cent cinquante ans dans notre langue & la feule comparaifon déz dictionaires de divers fiécles forme fur cela une demonftration complète, que lez langues peuvent s'enrichir trez-confiderablement chaque fiécle par la création & par l'uzaje de termes nouveaux.

Ce qui marque, que l'augmentation du nombre dez mots enrichit la langue comme l'augmentation du nombre dez couleurs ou dez nuances dez couleurs enrichit la peinture, c'eſt que réellement nous n'avons preſque point de mots entierement & parfaitement ſinonimès, & qui ayent une ſignification précizement ſemblable, ſoit pour l'étendue de l'idée, ſoit pour le dégré de ſentiment, qu'ils ſignifient ; & cela demontre qu'il nous eſt plus facile de faire mieux entendre nos penſées qu'il n'étoit aux Auteurs du tems de Nicod.

N'eſt-il pas vrai, que ſi lèz perſones, qui dans la Converſation, dans la Chaire, dans lez Plaidoyers, ſur lez Teatres & dans lez livres ont uzé lez premiers de çéz termes, qui étoient inuzitez du tems de Nicod, n'avoient ozé rien hazarder, nous ſerions privéz encore aujourdui de plus de la moitié de notre langue ? je conviens, que dans la converſation & dans l'impreſſion, ils ont hazardé quelques mots qui n'ont pas été adoptéz, mais ne leur devons-nous pas au moins ceux que lez Auditeurs & lez Lecteurs ont adoptés & qui par cette adoption ſont venus juſqu'à nous ?

Nous leur devons même la hardièſse qu'ils ont eue d'en hazarder plusieurs qui ont été rejetéz & dont on s'est moqué; or n'est-il pas utile à notre nation & même aux autres nations, qui étudient le Fransois, que notre langue s'enrichisse d'un coté, par dez mots qui signifient dez choses particulieres tandis qu'elle s'abrege de l'autre, par certains termes généraux, qui embrassent plusieurs termes particuliers; or cela se peut-il faire autrement que par lez petites hardiesses de quelques persones & par lez adoptions insensibles dez autres?

Il est bon d'observer que ceux qui critiquent dez termes inuzitéz, dez frazes inuzitées, uniquement parce qu'ils sont encore inuzitéz, uzent souvent de mauvaize foi pour lez faire condaner, ils lez tirent d'une place où ils avoient été amenéz, où ils étoient faciles à entendre, & même nécéssaires pour abreger le discours, ils lez expozent ainsi au jugement du publiq denuéz de tout ce qui leur étoit favorable; ces critiques ont pour lors un grand avantaje devant dez Juges qui fouvent ne fonjent pas, que pour condaner avec fajeffe il faut entendre lez deux parties.

Or l'Auteur peut-il être entendu fur la raizon qu'il a euë de placer ce terme ou cete *fraze* dans fon ouvraje fi l'acuzateur ne raporte pas l'endroit en entier où ils fe trouvent placéz convenablement? & ne fait-on pas que pour juger du convenable c'eft la place feule qui decide?

Un mot nouveau qui eft deplacé ne paroît ni comode ni neceffaire à la langue, laiffez-le dans fa place, on fent, qu'il eft comode & qu'il feroit à fouhaiter qu'il fût reçu dans l'uzaje; fouvent mème on ne s'aperfoit pas qu'il eft nouveau; or qui ne voit qu'une pareille metode pour tourner en ridicule un mot nouveau, une *fraze* nouvèle, eft une pure fupercherie que le critique dezaprouveroit comme honteuze & injufte fi l'on en uzoit ainfi à fon égard?

Si ce critique vouloit fe doner la peine de prouver que tel mot nouveau n'a

LES LANGUES. 255

dans aucune place aucune dez conditions neceſſaires pour être adopté, il feroit plaizir; mais le plus ſouvent pour toute preuve il ſe ſert d'une ironie deplacée, qui ne prouve rien pour les conoiſſeurs, ſi ce n'eſt le peu de jugement & la malignité du critique.

Lez termes inuzitéz ne ſont d'abord reçus dans la convèrſation, que pour telle ou tèle plaçe, & quand ils ſont bien afermis dans une place, ils paroiſſent moins étrangers dans une autre, on en revient à ne diſtinguer plus çéz nouveaux habitans dèz anciens Bourgeois, & le mot qui eſt bien établi dans la converſation, paſſe peu-à-peu dans l'écriture & puis dans l'impreſſion; telle eſt la maniere imperceptible, dont lez langues s'enrichiſſent & devienent plus comodes. Et de là il eſt vizible, que ceux, qui ſont indulgens pour çéz mots, favorizent & procurent l'enrichiſſement de leur langue; & que ceux, qui par leurs petites ſupercheries & par leurs ironies mal placées s'opoſent à çéz établiſſemens de mots comodes &

neceſſaires, s'opozent trèz-mal à propos au perfectionement de leur langue.

Tout le monde ſait, que lez Anglois ſoit dans la converſation, ſoit dans lez livres, ne font nule dificulté de faire & de prézenter dez mots nouveaux, qui enrichiſſent tous lez jours leur langue ; & hureuzement pour la langue Angloizè, les Auteurs Anglois n'ont point eu juſqu'ici chez eux certains eſprits mediocres, qui ont ſotement pris pour maximes, *que tout mot nouveau eſt mauvais & ne doit jamais être adopté quoique nècéſſaire.* Un de nos Ecrivains dit, que pour avoir quelque place dans la literature, *ils ſe ſont faits ſuiſſes du dictionaire de l'Académie*, ils empêchent lez mots qu'ils ne conoiſſent point d'entrer dans le dictionaire.

Le publiq adopte & n'adopte pas quelques-uns de çéz mots hazardéz, mais aucun Anglois (à ce que j'ai oui dire) n'a été juſqu'ici aſſez frivole pour s'avizer de ſe faire honeur de critiquer dèz mots & de faire un proçèz à un
Auteur

auteur sur la liberté qu'il a prize de hazarder un mot ou une *fraze* ; aussi de ce coté-la lez auteurs Anglois sont plus hardis que nous dans leurs expressions & lez Anglois, Lecteurs plus indulgens & plus senséz dans leurs critiques que ne sont quelques petits Auteurs François.

J'ai vu il y a quarante-cinq *ans* le mot *renverſement* frondé par un de *çéz Suiſses du dictionaire*; ce mot s'est trouvé comode & dans l'Analogie de la langue & je le vois prezentement avec plaizir tout établi malgré sa malhureuze note de nouveauté, sur laquelle *le Suiſſe* ataquoit trèz-mal-à propos celui qui l'avoit hazardé, puisqu'il est comode, puisqu'il abrege, puisqu'il est dans l'Analogie de la langue & trèz-facile à entendre.

De ce que toute nouveauté n'est pas bone & adoptée dans le langaje, s'ensuit-il qu'aucune nouveauté ne puisse être trèz-raizonable & trèz *adoptable*? c'est donq trèz-mal raizoner que de dire comme çéz *frivoles* puristes, voila un mot nouveau, voila une *fraze* inuzitée, donq on ne doit jamais s'en servir ni l'adopter ; qu'importe que ce mot soit ou nouveau ou ancien s'il a lèz conditions qui le rendent digne d'être adopté par l'uzaje ?

Si le publiq en avoit cru lèz ridicules railleries *dèz Suiſſes du dictionaire*, qui écrivoient, il i a cinquante ans, nous n'aurions pas mème dans le ſtile familier quantité de mots qui étoient alors inuzitéz, & qui ſont prézentement d'un auſſi grand uzaje dans la langue que lez plus anciens, en voici quelques-uns.

Elle eſt encore dans l'*enivrement* de la Cour.

C'eſt une afaire *infaizable* dans lez conjonctures prézentes.

S'il a manqué à ce devoir c'eſt pure *inatention*.

On l'a fort *deſſervi* auprèz du Miniſtre.

Il eſt à prezent fort *dezocupé*.

Il le reçut d'un air *gracieux*.

Il le *gracieuza* fort durant le diner.

Cette nouvele l'a fort *tranquilizé*.

Si nous conoiſſons aujourdui la date de la naiſſance de çez mots, c'eſt qu'il s'eſt trouvé dèz critiques de mots & de petits Ecrivains, qui avec leur fauſſe délicateſſe ſur le langaje ont voulu aquerir la réputation de gens d'eſprit en condanant çéz termes uniquement parcequ'ils étoient nouveaux.

Je ne raporte que huit ou neuf de çèz mots nouveaux, mais ſi l'on vouloit comparer le dictionaire de ce tems-là avec notre dernier dictionaire, je ne doute pas que l'on n'en trouvât cent autres que lèz Courtizans, lèz Dames, lèz Savans & les autres hommes de toutes lèz profeſſions ont établi depuis cinquante ans dans le ſtile de la converſation, d'où ils paſſent tous lèz jours dans lèz autres ſtiles & dans lèz livres.

Cèz cent mots ont eu le défaut de nouveauté en ce tems-là & cependant ils ſont reçus prézentement dans l'uzaje comun de la langue; ſi nous ne conoiſſons pas la date de leur naiſſance c'eſt qu'ils n'ont point été critiquéz en naiſſant par çèz petits Auteurs, qui ont bien plus de *facilité* à critiquer dèz mots qu'à critiquer lèz raizonemens.

Quelques perſones croient que nous perdons peu-à-peu autant de vieux mots que nous en aquerons de nouveaux & que la moitié dèz mots d'Amiot qui étoit contemporain de Nicod ne ſont plus uzitéz ; mais j'ai compté lèz mots dèz vint premieres lignes de la vie de Thezée in folio de la traducçion d'Amiot, il y en a environ deux cens quarante, & je n'en ai trouvé que ſix qui ne ſont plus uzitez ; or ſur ce pied là ce n'eſt que la quarantiéme partie de mots perdus & encore çèz ſix mots perdus ſont-ils tous remplacéz par d'autres équivalens.

Veriſimilitude eſt remplacé par *vraiſemblance*.

Reale par *réelle*.

Trouve l'on par *trouve t'on*.

Controuvé par *fauſſement inventé*.

Certaineté eſt remplacé par *certitude*.

Si ai penſé eſt remplacé par *& j'ai penſé* ou par *j'ai même penſé*.

La langue n'a donq rien perdu depuis cent cinquante ans qu'elle n'ait reparé, elle a au contraire gagné la moitié & même lèz deux tiers plus de termes qu'elle n'en avoit. Or cèz termes pouvoient-ils jamais servir à enrichir notre langue s'ils n'avoient comencé d'y entrer comme nouveaux & comme inuzitez?

Je ferai toujours étoné, que dèz Auteurs croient aquerir la réputation de gens d'esprit & d'Ecrivains delicats en s'atachant à critiquer dèz mots nouveaux ou dèz *frazes* nouvelles, lorsqu'il n'y a point de femme ignorante qui ne puisse faire de pareilles remarques, & de semblables critiques & se recrier comme eux sans raizon contre un mot inuzité.

Cèz Critiqueurs de mots ne font pas même l'ofice de Grammairiens raizonables; car le Grammairien raizonable ne doit-il pas vizer à abréger & à enrichir la langue en peu de tems? or cela se peut-il faire si un grand nombre de gens ne hazardent souvent quelques mots les uns à propos, léz autres mal à propos, lèz uns que l'uzaje rejètera, lèz autres, que l'uzaje adoptera? or fi çéz petits Ecrivains veulent qu'on rejète également tous les mots nouveaux, comment veulent ils que la langue s'enrichiffe? comment veulent-ils qu'elle s'abrèje?

Je ne difconviens pas que l'on peut outrer la *hardieffe* dans l'uzaje dèz mots nouveaux & déz *frazes* nouvelles en n'obfervant pas lèz conditions nécéffaires, mais on m'avoüera auffi que l'on peut outrer la délicateffe dans la critique en rejètant indiftinctement ceux mèmes qui ont lèz conditions necef-faires pour être adoptéz.

Ce que je demande donq, c'eft que tant ceux qui forment que ceux qui critiquent dèz mots nouveaux & dèz *fra*zes nouvelles fe conforment aux regles que je viens de propozer.

OBJECTION.

Je croi comme vous, que la langue ne peut s'enrichir ni de mots ni de *fra-*

zes, soit pour exprimer nos pensées, soit pour abrejer le discours, soit pour le rendre plus clair, si léz Auteurs de peur d'être blaméz & tournéz en ridicule dans lez livres, n'ozent hazarder rien de nouveau dans leurs expressions; je comprens bien même qu'il n'est pas possible, que parmi les mots qui se trouvent dignes de l'adoption du publiq, il ne s'en trouve plusieurs qui seront rejetéz; je suis donq de votre sentiment, si vous vous bornéz à la tolerance & à l'indulgence pour lèz mots nouveaux & pour lèz frazes nouvelles, qui ont léz quatre conditions que vous demandéz. Mais vous ne vous bornèz pas à tolérer çéz fabricateurs dèz nouveautéz, vous aléz jusqu'à léz encourajer a cète fabrication en soutenant que le publiq leur sera redevable de ce qu'ils lui aporteroient de bon & d'adoptable, & qu'en cette consideration on doit avoir de l'indulgence pour ce qu'ils prézenteront de mauvais & de non adoptable; or c'est cèt encourajement que je ne saurois aprouver, parceque je crains que déz Auteurs témeraires n'en abuzent.

RE'PONSE.

De deux chozes l'une, ou c'eſt un bien dezirable que la langue s'enrichiſſe de mots nouveaux & de frazes nouvelles comodes & ſouvent neceſſaires tant pour abrejer le diſcours, que pour le rendre plus clair & plus vif, ou bien c'eſt un dezavantage pour la langue & pour la nation. Si c'eſt un mal il ne faut pas même le tolérer & je dézaprouve à mon tour votre *tolérance* & votre *indulgence* pour lèz termes nouveaux, qui meritent d'être adoptéz ; mais ſi c'eſt un bien, ſi c'eſt un avantaje pour la langue, pourquoi n'encourageriez-vous pas avec moi lez bons *fabricateurs* dez mots nouveaux & dèz *frazes* nouvelles à nous en doner tant qu'ils pouront de dignes d'être adoptéz par le publiq ?

Je vous prie de bien obſerver, que je n'ai garde de léz encourajer à nous en propoſer, qui ſoient indignes de cette adoption, mon encourajement ne tombe

tombe pas fur le nouveau qui a le démerite d'être mauvais, mais fur le bon qui a le malheur d'être nouveau ; or confultéz-vous vous-mème, confultéz votre raizon, vous, qui êtes fi raizonable, peut-on aporter trop de bon? & fi cela eft peut-on trop encourajer lèz Auteurs à nous doner de bons mots & de bones *frazes* ?

D'un autre coté s'ils nous aportent fouvent du bon, peut-on avoir trop d'indulgence pour le mauvais qu'ils nous aportent, parce qu'ils le prénent pour bon? n'avons-nous pas à craindre que fi nous léz decouragions fur le mauvais par déz critiques publiques ils ne nous privaffent mème du bon?

J'apèle ici mauvais ce que le publiq n'adopte point ; or en cète ocazion comment ce qui n'eft point adopté feroit-il nuizible? & en fait de langaje ce que le publiq adopte ne devient-il pas trèz-bon par fon adoption mème?

Il n'i a donq point à craindre, que l'abus que lèz Auteurs pouroient faire de notre indulgence tourne jamais à notre dezavantaje, voila pourquoi je m'en tiens toujours à l'encourajement pour le bon & à l'indulgence pour le mauvais lorſque celui qui prézente du mauvais n'a d'autre intention que de prézenter du bon; & ne convenés-vous pas vous-mème que la bone intention, lors mème qu'elle ne merite pas de louanges, merite au moins de l'indulgence?

CONCLUZION.

Pour perfectioner léz langues il eſt à propos d'encourajer lèz Auteurs à produire dèz termes nouveaux & dèz *frazes* nouvelles dignes d'être aprouvées du publiq, come convenables dans léz places où ils ſe trouvent; ainſi il n'eſt pas raizonable de lez décourajer par déz ironies mal fondées: *& c'eſt-ce que je m'étois propoZé de démontrer.*

FIN.

APPROBATION.

J'Ai lû par l'Ordre de Monfeigneur le Garde des Sceaux, un manufcrit qui a pour titre *Projet pour perfectioner l'Alfabet & l'Ortografe des Langues vivantes*, & j'ai crû que l'impreffion en pouvoit être permife. Fait à Paris ce dixiéme Decembre 1729.

DANCHET.

PRIVILEGE.

LOUIS PAR LA GRACE DE DIEU, ROI DE FRANCE & de Navarre : à nos amez & feaux Confeillers les Gens tenans nos Cours de Parlement, Maîtres des Requêtes ordinaires de notre Hôtel, Grand Confeil, Prevôt de Paris, Baillifs & Sénéchaux, leurs Lieutenans Civils & autres nos Jufticiers qu'il appartiendra, SALUT: Notre cher & bien-amé, le fieur Abbé de SAINT PIERRE, l'un des quarante de notre Académie Françoize. Nous ayant fait fupplier de lui accorder nos lettres de permiffion, pour l'impreffion *de fes Oeuvres Diverfes*; Offrant pour cet effet de les faire imprimer en bon papier & beaux caractères fuivant la feüille imprimée & attachée pour modéle fous le contrefcel des préfentes, Nous lui avons permis & permettons par ces préfentes de faire imprimer lefdites Oeuvres ci-deffus fpécifiées conjointement ou féparement, & autant de fois que bon lui femblera fur papier & caractères conformes à ladite feuille imprimée & attachée fous notredit contrefcel, & de le faire vendre & débiter par tout notre Royaume pendant le tems de trois années confécutives, à compter du jour de la date defdites préfentes. Faifons défenfes à tous Libraires, Imprimeurs & autres perfonnes de quelque qualité & condition qu'elles foient d'en introduire d'impreffion étrangere dans aucun lieu de notre obéiffance, à la charge que ces préfentes feront enregiftrées tout au long fur le Regiftre de la Communauté des Libraires & Imprimeurs de Paris dans trois mois de la date d'icelles ; que l'impreſſion deſdites Oeuvres ſera faite dans notre Royaume & non ailleurs, & que l'Impétrant ſe conformera en tout aux Reglemens de la Librairie, & notamment à celui du dixiéme Avril 1725, & qu'avant que de les expoſer en vente les manuſcrits ou imprimés, qui auront ſervi de copie à l'impreſſion deſdites Oeuvres ſeront remis dans le même état où les approbations y auront été données ès mains de notre très-cher & féal Chevalier Garde des Sceaux de France le ſieur Chauvelin, & qu'il en ſera enſuite remis deux exemplaires dans notre Bibliotheque publique, un dans celle de notre Château du Louvre, & un dans celle de notre très-cher & féal Chevalier Garde des Sceaux de France le ſieur Chauvelin, le tout à peine de nullité des préſentes : du contenu deſquelles vous mandons & enjoignons de faire jouir ledit ſieur Expoſant ou ſes ayans cauſes pleinement & paiſiblement ſans ſouffrir qu'il lui ſoit fait aucuns troubles ou empêchemens. Voulons qu'à la copie deſdites préſentes qui ſera imprimée tout au long au commencement ou à la fin deſdites Oeuvres, foi ſoit ajoûtée comme à l'original. Commandons au premier notre Huiſſier ou Sergent de faire pour l'exécution d'icelles tous actes requis & néceſſaires ſans demander autre permiſſion, & nonobſtant clameur de Haro, Chartre, Normande & Lettres à ce contraires. Car tel eſt notre plaiſir, Donné à Paris le onziéme jour du mois d'Aouſt l'an de grace mil ſept cent vingt-neuf & de notre Regne le quatorziéme. Signé, par le Roy en ſon Conſeil,

SAINSON.

Regiſtré ſur le Regiſtre VII. de la Chambre Royale & Syndicale des Libraires & Imprimeurs de Paris No. 416. fol. 390. conformement au Reglement de 1723. qui fait défenſes, art. IV. à toutes perſonnes de quelque qualité qu'elles ſoient, autres que les Libraires & Imprimeurs, de vendre, débiter & faire afficher aucuns Livres pour les vendre en leurs noms, ſoit qu'ils s'en diſent les Auteurs ou autrement, & à la charge de fournir les Exemplaires preſcrits par l'Article CVIII. du même Reglement. A Paris le 23 Août 1729.

P. A. LE MERCIER, Syndic.

De l'Imprimerie de GISSEY.

Contraste insuffisant

NF Z 43-120-14

www.ingramcontent.com/pod-product-compliance
Lightning Source LLC
Chambersburg PA
CBHW050334170426
43200CB00009BA/1594